Die Spätschriften der Bibel

Die Apokryphen des Alten Testaments

Das 4. Buch der Apokryphen aus der Bibel

Das Buch Jesus Sirach

Ecclesiasticus

*Die Weisheit Gottes
ist das höchste Gut des Lebens
und weist dem Menschen
den Weg von der Dunkelheit zum Licht*

*Übersetzung nach
Hermann Menge 1926*

*Bibliografische Information der Deutschen Nationalbibliothek:
Die Deutsche Nationalbibliothek verzeichnet diese Publikation in der
Deutschen Nationalbibliografie; detaillierte bibliografische Daten
sind im Internet über http://dnb.dnb.de abrufbar.*

*TWENTYSIX – Der Self-Publishing-Verlag
Eine Kooperation zwischen der Verlagsgruppe Random House und
BoD – Books on Demand*

*Herstellung und Verlag:
BoD – Books on Demand, Norderstedt*

ISBN: 978-3-740-76965-9

Übersetzung nach Hermann Menge 1926

Layout, Schriftsatz, Formatierung:
Antonia Katharina Tessnow
www.antonia-katharina.de

I. Erster Teil:
Das Wesen und der Wert der Weisheit
(Ermunterungen und Ratschläge, betreffend die Hingabe an sie)

1. Kapitel

Ruhm der Weisheit und der Furcht Gottes

1 Alle Weisheit kommt vom Herrn und ist bei ihm in Ewigkeit.

2 Den Sand am Meer und die Tropfen des Regens und die Tage der Ewigkeit: – wer kann sie zählen?

3 Die Höhe des Himmels und die Breite der Erde und das Weltmeer und die Weisheit: – wer kann sie ergründen?

4 Früher als dieses alles ist die Weisheit geschaffen, und verständige Einsicht ist von Ewigkeit her. (Die Quelle der Weisheit ist Gottes Wort in Himmelshöhen, und ihre Wege sind die ewigen Gebote.)

5 Die Wurzel der Weisheit, – wem war sie offenbart? und ihre geheimen Pläne, – wer hat sie erkannt? (Die Erkenntnis der Weisheit, – wem wird sie kundgetan? und ihre reiche Erfahrung, – wer hat sie verstanden?)

6 Einer ist weise, furchtbar gar sehr, er, der auf seinem Throne sitzt, der Herr.

7 Er ist's, der sie geschaffen und geschaut und gezählt und sie ausgegossen hat über alle seine Werke

8 mit Einschluß alles Fleisches, soviel er ihm eben verlieh; doch reichlich hat er sie denen gewährt, die ihn lieben. (Die Liebe zum Herrn ist herrliche Weisheit; denen er aber erscheint, denen teilt er sie zu, damit sie ihn schauen.)

9 Die Furcht des Herrn verleiht Ehre und Ruhm und Frohsinn und eine Freudenkrone.

10 Die Furcht des Herrn erfreut das Herz und gibt Frohsinn, Fröhlichkeit und langes Leben. (Die Furcht des Herrn ist ein Geschenk vom Herrn, denn sie stellt hin auf die Pfade der Liebe.)

11 Wer den Herrn fürchtet, dem wird es am Ende wohl ergehn, und am Tage seines Todes wird er gepriesen werden. (Die Liebe zum Herrn ist herrliche Weisheit; denen er aber erscheint, denen teilt er sie zu, damit sie ihn schauen.)

12 Der Anfang der Weisheit ist die Furcht des Herrn; den Frommen ist sie im Mutterleibe anerschaffen.

13 Bei den Menschen (oder Frommen) hat sie sich einen ewigen Wohnsitz gegründet und bei deren Nachkommen wird sie beständig bleiben. (Die Furcht des Herrn ist ein gottseliges Wissen; die Gottseligkeit behütet und macht

rechtschaffen das Herz, Freude und Wonne verleiht sie. Dem Gottesfürchtigen wird es wohlergehen, und zur Zeit seines Endes wird er gesegnet sein.)

14 Das Vollmaß der Weisheit ist die Furcht des Herrn; sie macht die Menschen trunken von ihren Früchten.

15 Ihr ganzes Haus füllt sie mit kostbaren Schätzen an und die Vorratskammern mit ihren Erzeugnissen.

16 Die Krone der Weisheit ist die Furcht des Herrn, die da erblühen macht Wohlfahrt und erquickende Gesundheit (und das Rühmen denen weit macht, die ihn lieben). [Die Furcht des Herrn ist der Weisheit Anfang und ist im Herzensgrund allein bei den Gläubigen und wohnt allein bei den auserwählten Weibern, und man findet sie allein bei den Gerechten und Gläubigen. (1)]

17 Und er sah sie und zählte sie aus; Erkenntnis und kluge Einsicht strömt sie aus und erhöht den Ruhm derer, die sie festhalten.

18 Die Wurzel der Weisheit ist die Furcht des Herrn, und ihre Zweige sind langes Leben. (Die Furcht des Herrn hält die Sünde fern; wer aber in ihr bleibt, wird allen Zorn von sich abwenden.)

19 Ungerechter Zorn kann nicht entschuldigt werden; denn der Ausbruch seines Zorns bringt ihn zum Fall.

20 Bis zur rechten Zeit hält der Langmütige an sich, und nachher erwächst ihm daraus Freude.

21 Bis zur rechten Zeit verbirgt er seine Worte, und die Lippen vieler werden seine Klugheit preisen.

22 In den Schatzkammern der Weisheit sind einsichtsvolle Sprüche vorhanden, aber dem Sünder ist die Gottesfurcht ein Gräuel.

23 Wünschest du dir Weisheit, so halte die Gebote, dann wird der Herr sie dir reichlich bescheren;

24 denn Weisheit und Bildung besteht in der Furcht des Herrn; was ihm aber gefällt, ist die Treue und Sanftmut.

25 Sei nicht ungehorsam gegen die Furcht des Herrn und nahe ihr nicht mit geteiltem Herzen.

26 Tue nicht groß mit ihr vor den Leuten und nimm dich in acht mit deinen Lippen.

27 Überhebe dich nicht, damit du nicht fallest und dir selbst Schande zuziehest und der Herr dein verborgenes Innere ans Licht bringe und dich inmitten der versammelten Gemeinde zu Boden werfe, weil du in Wirklichkeit dich nicht der Gottesfurcht genaht hattest und dein Herz voll Falschheit war.

2. Kapitel

Verhalten in der Anfechtung
Vermahnung zur Geduld in Trübsal

1 Mein Sohn, wenn du dich entschließt, dem

Herrn zu dienen, so mache dich auf Anfechtungen gefaßt.

2 Mache fest dein Herz und werde stark, damit du zur Zeit der Not nicht schnell versagest.

3 Hange ihm an und falle nicht ab von ihm, damit du am Ende groß dastehest.

4 Nimm alles an, was dir widerfahren mag, und sei geduldig in den Wechselfällen deiner Trübsal;

5 denn im Feuer wird das Gold erprobt und die gottgefälligen Menschen im Ofen des Leidens.

6 Vertraue auf den Herrn, so wird er sich deiner annehmen; hoffe auf ihn, so wird er deinen Weg ebnen.

7 Die ihr den Herrn fürchtet, harret auf sein Erbarmen und weicht nicht ab zur Seite, damit ihr nicht fallet.

8 Die ihr den Herrn fürchtet, vertraut auf ihn, so wird euer Lohn nicht ausbleiben.

9 Die ihr den Herrn fürchtet, hofft auf Gutes, nämlich auf immer frohen Sinn und auf Erbarmen.

10 Blickt hin auf die Geschlechter der Vorzeit und seht: wer hat dem Herrn vertraut und ist zu Schanden geworden? oder wer ist der Furcht vor ihm treu geblieben und doch von ihm verlassen worden? oder wer hat ihn angerufen und ist unbeachtet geblieben?

11 Denn barmherzig und gnädig ist der Herr, er vergibt Sünden und rettet zur Zeit der Not.

12 Wehe den verzagten Herzen und den

lässigen Händen und dem Sünder, der auf zweierlei Wegen geht!

13 Wehe dem erschlafften Herzen! Weil es kein Vertrauen hat, darum wird es auch nicht beschirmt werden.

14 Wehe euch, die ihr die Ausdauer verloren habt! Was wollt ihr machen, wenn der Herr euch heimsucht?

15 Die den Herrn fürchten, sind seinen Worten nicht ungehorsam und die ihn lieben, halten seine Wege ein.

16 Die den Herrn fürchten, suchen ihm zu gefallen, und die ihn lieben, sind seines Gesetzes voll.

17 Die den Herrn fürchten, machen ihr Herz fest und demütigen vor ihm ihre Seele, (indem sie sagen):

18 'Wir wollen lieber in die Hände des Herrn fallen als in die Gewalt der Menschen; denn so groß seine Herrlichkeit ist, so groß ist auch sein Erbarmen, (und wie sein Name, so sind auch seine Werke)'.

3. Kapitel

*Vom Gehorsam gegen die Eltern
und von wahrer Demut*

1 Vernehmt von mir das Recht des Vaters, ihr Kinder, und handelt danach, damit es euch wohl

ergehe;

2 denn der Herr hat dem Vater Ehre verliehen über die Kinder und das Recht der Mutter festgestellt über die Söhne.

3 Wer den Vater ehrt, sühnt Sünden,

4 und einem, der sich Schätze sammelt, gleicht der, welcher seine Mutter werthält.

5 Wer den Vater ehrt, wird Freude an den eigenen Kindern erleben, und so oft er betet, wird er Erhörung finden.

6 Wer seinen Vater hochschätzt, wird lange leben, und wer dem Herrn gehorsam ist, wird seiner Mutter Liebe erweisen.

7 Wer den Herrn fürchtet, ehrt den Vater und dient seinen Eltern wie Herren.

8 Mit Tat und Wort ehre deinen Vater, damit alle Segensverheißungen über dich kommen;

9 denn des Vaters Segen stellt die Häuser der Kinder fest, aber der Mutter Fluch reißt sie nieder bis auf den Grund.

10 Suche nicht deine Ehre in der Verunehrung deines Vaters, denn in der Schande deines Vaters liegt keine Ehre für dich;

11 denn die Ehre eines Mannes hängt ab von der Ehre seines Vaters, und der üble Ruf einer Mutter ist eine Schande für die Kinder.

12 Mein Sohn, sei deines Vaters Stütze, wenn er alt wird, und mache ihm keinen Kummer, solange er lebt;

13 auch wenn seine Geisteskraft abnimmt, halte es ihm zugute, und mißachte ihn nicht im

Vollbesitz deiner Kraft.

14 Denn liebevolles Verhalten gegen den Vater wird dir nicht vergessen werden und dir für deine Sünden zugute kommen;

15 am Tage der Not wird es dir gedacht werden, und wie Sonnenschein das Eis (wegschmilzt), so werden deine Sünden vergehen.

16 Einem Gotteslästerer gleicht, wer seinen Vater verläßt, und vom Herrn verflucht ist, wer seine Mutter in Zorn versetzt.

17 Mein Sohn, in Demut vollbringe deine Geschäfte, so wirst du von gottwohlgefälligen Menschen geliebt werden.

18 Je größer du bist, desto mehr demütige dich, so wirst du vor dem Herrn Gnade finden; [Manche sind in hoher Stellung und geehrt, aber den Demütigen werden die Geheimnisse Gottes geoffenbart.]

19 Denn groß ist die Macht des Herrn, und von den Demütigen wird er gepriesen.

20 Was dir zu schwer ist, untersuche nicht, und was über deine Kräfte geht, trachte nicht zu erforschen.

21 Was dir aufgetragen ist, darüber sinne nach, denn das Verborgene geht dich nichts an; (nicht hast du nötig, das Verborgene mit deinen Augen zu schauen).

22 Was über die dir obliegenden Geschäfte hinausgeht, damit befasse dich nicht vorwitzig; denn mehr, als die Menschen begreifen können,

ist dir kundgetan worden;

23 denn viele hat ihre zu hohe Meinung von sich irregeführt, und böser Dünkel hat ihre Gedanken getäuscht. (Hast du keine Augen, so entbehrst du des Lichtes; mangelt dir aber die Einsicht, so rühme dich ihrer nicht.)

24 Einem trotzigen Herzen ergeht es zuletzt übel, und wer die Gefahren liebt, kommt darin um.

25 Ein trotziges Herz belastet sich mit Schmerzen, und der Sünder häuft Sünde auf Sünde.

26 Heimsuchung ist für den Hochmütigen kein Heilmittel; denn das Gewächs der Bosheit hat Wurzel in ihm geschlagen.

27 Das Herz des Einsichtigen durchdenkt die Sinnsprüche, und nach einem aufmerksamen Zuhörer steht das Verlangen des Weisen.

28 Wasser löscht ein loderndes Feuer aus, und Mitleid (oder Mildtätigkeit) tilgt Sünden.

29 Wer Liebeserweise vergilt, ist auf die Zukunft bedacht und wir zu der Zeit, wo er zu Falle kommt, eine Stütze finden.

4. Kapitel

Die Pflichten gegen die Armen und Unterdrückten

1 Mein Sohn, entziehe dem Armen nicht den Lebensunterhalt und laß die Augen der

Dürftigen nicht lange schmachten.

2 Eine hungrige Seele fahre nicht an und kränke keinen Menschen in seiner Not.

3 Ein verbittertes Herz reize nicht noch mehr und laß den Hilfsbedürftigen nicht auf deine Gabe warten.

4 Einen Bittenden weise nicht ab in seiner Notlage und wende dein Antlitz nicht weg vom Armen.

5 Vom Bittenden wende dein Auge nicht ab und gib niemandem Anlaß, dir zu fluchen;

6 denn wenn er dir flucht in seines Herzens Verbitterung, so wird sein Schöpfer sein Flehen erhören.

7 Mache dich beliebt bei der Gemeinde und vor dem Hochstehenden beuge dein Haupt.

8 Neige dem Armen dein Ohr zu und erwidere seinen Gruß freundlich.

9 Rette den Bedrängten aus der Hand seiner Bedränger und sei nicht kleinmütig, wenn du ein Urteil abgeben mußt.

10 Sei den Waisen wie ein Vater und ihrer Mutter anstatt des Gatten, so wirst du sein wie ein Sohn des Höchsten, und er wird dir mehr Liebe erweisen als deine eigene Mutter.

*Die segensreichen Früchte
und die Betätigung der rechten Weisheit*

11 Die Weisheit erhöht ihre Kinder und nimmt

sich derer an, die sie suchen.

12 Wer sie liebt, liebt das Leben, und die ihr eifrig nachtrachten, haben Freude in Fülle.

13 Wer sich in ihren Besitz setzt, gewinnt Ruhm, und wohin er geht, da segnet ihn der Herr.

14 Die ihr dienen, leisten dem Heiligen Dienst, und die sie lieben, die liebt auch der Herr.

15 Wer auf sie hört, wird recht richten, und wer sich zu ihr hält, wird sicher wohnen.

16 Wer Vertrauen zu ihr hat, wird sie erwerben, und in ihrem Besitz werden auch seine Nachkommen bleiben;

17 denn zuerst geht sie in Verstellung mit ihm um und erprobt ihn durch Versuchungen; Furcht und Zagen bringt sie über ihn und quält ihn mit ihrer Zucht, bis sie Vertrauen zu ihm gefaßt und ihn erprobt hat in der Beobachtung ihrer Vorschriften.

18 Dann aber kommt sie umgekehrt auf geradem Wege zu ihm und erfreut ihn und offenbart ihm ihre Geheimnisse.

[16 Wenn er ihr vertraut, wird er sie erlangen; und auch seine Nachkommen werden sie besitzen.

17 Denn anfangs geht sie unerkannt mit ihm; sie macht ihm Angst und Bange und quält ihn mit ihrer Erziehung, bis sie ihm vertrauen kann; sie prüft ihn mit ihren Forderungen.

18 Endlich wird sie geradewegs auf ihn zukommen, ihn erfreuen und ihm ihre Geheimnisse offenbaren. (2)]

19 Wenn er aber von ihr abfällt, so verläßt sie ihn und gibt ihn seinem Verderben preis.

Verschiedene Ermahnungen bezüglich wahrer und falscher Scham und behufs Vermeidung der Sünde

20 Mein Sohn, richte dich nach der Zeit und hüte dich vor dem Bösen und schäme dich deiner Überzeugung nicht;

21 denn es gibt eine Scham, die zur Sünde führt, und es gibt eine Scham, die Ehre und Anerkennung verschafft.

22 Nimm für niemand Partei gegen dein Gewissen und hege keine (falsche) Scheu zu deinem Verderben.

23 Halte mit der Rede nicht zurück, wenn noch Zeit zur Rettung ist, und verbirg deine Weisheit nicht, (um Ruhm zu gewinnen);

24 denn durch die Rede wird die Weisheit erkannt und die Einsicht durch die Worte der Zunge.

25 Widersprich nie der Wahrheit, schäme dich aber deiner mangelhaften Bildung.

26 Schäme dich nicht, deine Sünden zu bekennen, und suche nicht die Strömung des Flusses zu bezwingen.

27 Stelle dich nicht einem törichten Menschen zur Verfügung und nimm keine Rücksicht auf den Mächtigen.

28 Bis zum Tode kämpfe für die Wahrheit, so wird auch Gott der Herr für dich streiten.

29 Sei nicht großsprecherisch mit deiner Zunge und lässig und träge in deinem Tun.

30 Sei nicht wie ein Löwe in deinem Hause und nicht argwöhnisch (eig. ein Gespensterseher) unter deinen Hausgenossen.

31 Laß deine Hand nicht ausgestreckt sein zum Nehmen und festgeschlossen beim Wiedererstatten. [Deine Hand sei nicht offen, wenn's ums Nehmen geht, und nicht geschlossen, wenn's ans Geben geht. (3)]

5. Kapitel

*Warnung vor gefährlicher Sicherheit
und vor Unvorsichtigkeit im Reden*

1 Verlaß dich nicht auf deinen Reichtum und sage nicht: 'Ich habe genug.'

2 Folge nicht deinen Gelüsten und deiner Kraft, daß du nach den Begierden deines Herzens wandelst,

3 und sage nicht: 'Wer hat mir zu befehlen?'; denn der Herr, der Recht übt, wird dich büßen lassen.

4 Sage nicht: 'Ich habe gesündigt, und was hat's mir geschadet?' denn der Herr ist langmütig.

5 In bezug auf Sühne sei nicht ohne Bangen, so daß du Sünde auf Sünden häufst.

6 Und sage nicht: 'Sein Erbarmen ist groß, er wird mir schon meine vielen Sünden vergeben';

denn bei ihm ist wohl Erbarmen, aber auch Zorn, und auf den Sündern lastet sein Grimm.

7 Säume nicht, dich zum Herrn zu bekehren, und verschieb es nicht von einem Tag zum andern; den plötzlich kommt der Zorn des Herrn zum Ausbruch, und am Tage der Vergeltung würdest du umkommen.

8 Verlaß dich nicht auf unrechtes Gut, denn am Tage der Heimsuchung wird es dir nichts nützen. –

9 Worfle (4) nicht bei jedem Winde, und gehe nicht auf jeglichem Pfade! (So macht es der doppelzüngige Sünder.)

10 Bleibe fest bei deiner Überzeugung und laß deine Rede immer eine und dieselbe sein.

11 Sei schnell bereit zum Hören, aber langsam laß die Antwort hören.

12 Hast du Einsicht, so antworte dem andern; wo nicht, so laß deine Hand auf deinem Munde liegen.

13 Ehre und Schande liegen in der Rede und des Menschen Zunge kann ihn zu Fall bringen.

14 Laß dich nicht doppelzüngig (oder einen Ohrenbläser?) nennen und gebrauche deine Zunge nicht zur Hinterlist; denn dem Diebe wird Schande zuteil und böser Schimpf dem Doppelzüngigen.

15 Verfehle dich nicht, weder im Großen noch im Kleinen, und statt eines Freundes beweise dich nicht als Feind;

16 denn einen üblen Namen, Schimpf und

Schande würdest du davontragen; so gebührt es dem doppelzüngigen Sünder.

6. Kapitel

Warnung vor Unbescheidenheit. Vorschriften des Umgangs mit Freunden und Feinden. Ermahnung, nach der Weisheit zu streben.

1 Gib dich nicht völlig dem Willen deiner Leidenschaft hin, damit sie nicht wie ein Stier deine Kraft abweide.
2 Deine Blätter wird sie abfressen und deine Früchte verzehren und dich stehen lassen wie einen dürren Baum.
3 Böse Leidenschaft richtet ihren Besitzer zugrunde und macht ihn zur Schadenfreude (oder zum Gespött) seiner Feinde.

4 Eine freundlich redende Kehle gewinnt viele Freunde, und eine wohlredende Zunge bekommt viele Heilsgrüße (oder Friedenswünsche).
5 Groß sei die Zahl derer, die in Frieden mit dir leben, aber dein Vertrauter sei nur einer von tausend.
6 Erwirbst du dir einen Freund, so erwirb ihn unter Erprobung und schenke ihm nicht zu schnell dein Vertrauen.
7 Denn mancher ist ein Freund, solange es ihm

zusagt, und bleibt es nicht zur Zeit deines Unglücks;

8 und mancher Freund verwandelt sich in einen Feind und bringt den dich entehrenden Streit unter die Leute.

9 Und mancher ist ein Freund als Tischgenosse, ist aber nicht zu finden zur Zeit deines Unglücks;

10 solange es dir gut geht, stellt er sich dir völlig gleich und tritt deinem Gesinde gegenüber als Herr auf;

11 kommst du aber herunter, so tritt er gegen dich und läßt sich vor deinen Augen nicht mehr sehen.

12 Von deinen Feinden halte dich fern, und vor deinen Freunden sei auf der Hut.

13 Ein treuer Freund ist ein starker Schutz; wer ihn gefunden, hat einen Schatz gefunden.

14 Ein treuer Freund ist nicht zu bezahlen, und sein Wert läßt sich auf der Wage nicht feststellen.

15 Ein treuer Freund ist eine lebenspendende Arznei, und wer den Herrn fürchtet, erlangt ihn.

16 Der Gottesfürchtige lenkt seine Freundschaft richtig, denn so, wie er selbst, ist auch sein Genosse.

17 Mein Sohn, von Jugend auf erwähle dir Zucht, so wirst du bis ins Greisenalter die Weisheit gewinnen;

18 wie der Pflüger und der Sämann tritt an sie heran, so darfst du auf ihre herrlichen Früchte

hoffen; denn von der Beschäftigung mit ihr wirst du nur kurze Zeit Mühe haben und bald schon ihre Früchte genießen.

19 Wie so ganz ungangbar erscheint sie den Ungebildeten, und ein Unverständiger hält es bei ihr nicht aus;

20 wie ein Übungsstein lastet sie schwer auf ihm und es währt nicht lange, so wirft er sie weg;

21 denn die Weisheit ist, wie schon ihr Name besagt, und nicht vielen ist sie offenbar; (denen aber, die sie kennen, verbleibt sie, bis sie Gott schauen).

22 Höre, mein Sohn, und nimm meine Meinung (oder Erkenntnis) an und weise meinen Rat nicht ab;

23 und stecke deine Füße in ihre Fesseln hinein und deinen Hals in ihr Halseisen;

24 beuge deinen Rücken unter sie und nimm sie auf dich und sträube dich nicht gegen ihre Bande.

25 Mit ganzem Herzen tritt an sie heran und halte ihre Wege mit all deiner Kraft ein.

26 Spüre ihr nach und suche sie, so wird sie dir bekannt werden, und hast du sie ergriffen, so laß sie nicht wieder los;

27 denn zuletzt wirst du Erquickung (oder Ruhe) bei ihr finden, und sie wird sich dir in Freude verwandeln.

28 Alsdann werden ihre Fesseln zum starken Schutz für dich werden und ihr Halseisen zu einem Prachtgewand (oder Ehrenkleid):

29 denn ein goldener Schmuck ist an ihr (oder auf ihrem Haupte), und ihre Bande sind ein Purpurgewebe.

30 Als Prachtgewand wirst du sie dir anlegen und als Freudenkrone (oder Ruhmeskrone) sie dir aufs Haupt setzen.

31 Wenn du bereit bist, mein Sohn, so wirst du Unterweisung erhalten, und wenn du dein Herz darauf richtest, so wirst du klug werden;

32 wenn du mit Lust und Liebe zuhörst, so wirst du es in dich aufnehmen, und wenn du dein Ohr hinkehrst, wirst du weise werden.

33 Wo viele Greise versammelt sind, da stelle dich ein, und wer weise ist, dem schließe dich an;

34 jeden Vortrag über göttliche Dinge höre gern an, und einsichtsvolle Sprüche laß dir nicht entgehen;

35 siehst du einen verständigen Mann, so suche ihn schon frühmorgens auf, und dein Fuß betrete immer wieder die Schwellen seiner Türen.

36 Denke nach über die Verordnungen des Herrn, und über seine Gebote sinne allezeit nach; er ist's der dein Herz fest machen wird, und dein Verlangen nach Weisheit wird dir gewährt werden.

7. Kapitel

Warnung vor Ungerechtigkeit und vor dem Streben nach Macht und Ansehen.
Regeln der Lebensweisheit und Frömmigkeit.

1 Tue nichts Böses, so widerfährt dir nichts Böses,
2 meide das Unrecht, so wird es fern von dir bleiben.
3 Mein Sohn, säe nicht in die Furchen des Unrechts, so wirst du nicht siebenfältig von ihnen ernten.

4 Erbitte dir von Gott keine Herrscherstellung und ebenso vom Könige keinen Ehrenstuhl.
5 Stelle dich vor Gott nicht als gerecht hin und spiele vor dem König nicht den Weisen.
6 Trachte nicht danach, ein Richter zu werden, wenn du nicht imstande bist, dem Unrecht ein Ende zu machen; sonst würdest du dich vor der Person des Machthabers fürchten müssen und Anstoß trotz deiner Rechtschaffenheit erregen.

7 Verfehle dich nicht gegen die Stadtgemeinde und bringe dich nicht selbst in Mißachtung beim Volk. –
8 Glaube nicht, zweimal ungestraft eine Sünde begehen zu können; denn schon bei einer einzigen wirst du nicht straflos ausgehen.
9 Denke nicht: 'Der Herr wird die Menge

meiner Opfergaben beachten, und wenn ich Gott, dem Höchsten, etwas darbringe, so wird er's annehmen'.

10 Sei nicht mutlos bei deinem Gebet und versäume nicht, Mildtätigkeit zu üben.

11 Verlache keinen, dessen Gemüt tief bekümmert ist; denn es gibt einen, der da erniedrigt und erhöht. –

12 Pflüge keine Lüge gegen deinen Bruder und tue das Gleiche auch deinem Freunde nicht an.

13 Wolle nie irgend eine Lüge aussprechen, denn die Gewöhnung daran schlägt nicht zum Guten aus. –

14 Sei kein Schwätzer in der Versammlung der Alten und wiederhole kein Wort in deinem Gebet. –

15 Hasse nicht die mühevolle Handarbeit, noch den Ackerbau, da der Höchste ihn verordnet hat.

16 Rechne dich nicht selbst zu der großen Zahl der Sünder; bedenke wohl, daß der Zorn nicht lange auf sich warten läßt.

[Hoffe nicht, in der Menge der Sünder zu verschwinden; bedenke, dass sein Zorn nicht auf sich warten lässt. (5)

Halt dich nicht für etwas Besseres unter der Masse der Sünder, sondern denke daran, dass Gottes Zorn nicht auf sich warten lässt. (6)]

17 Demütige tief deine Seele, denn die Strafe für den Gottlosen ist das Feuer und der Wurm.

18 Einen Freund vertausche nicht um wertloses Geld, noch einen leiblichen (oder edlen) Bruder um Ophirgold.

19 Wende dich nicht ab von einer klugen und guten Ehefrau, denn ihre Anmut ist wertvoller als Gold.

20 Behandle keinen Knecht übel, der treu arbeitet, und ebensowenig einen Tagelöhner, der dir von Herzen ergeben ist.

21 Einen verständigen Dienstboten liebe aufrichtig und enthalte ihm die Freilassung nicht vor.

22 Hast du Vieh, so sieh selbst nach ihm, und ist es dir nützlich, so behalte es. –

23 Hast du Kinder, so halte sie in Zucht und beuge ihnen den Nacken von Jugend auf.

24 Hast du Töchter, so gibt acht auf ihren Leib und zeige ihnen kein zu freundliches Gesicht.

25 Verheiratest du eine Tochter, so hast du ein großes Werk fertig gebracht, aber gib sie einem verständigen Manne zur Frau.

26 Hast du eine Frau nach deinem Herzen, so verstoße sie nicht; ist sie dir aber zuwider, so vertraue dich ihr nicht an.

27 Von ganzem Herzen ehre deinen Vater und vergiß deine Mutter nicht, die dich mit Schmerzen geboren

28 bedenke wohl, daß du ihnen das Leben verdankst; wie kannst du ihnen vergelten, was sie an dir getan haben?

29 Mit deinem ganzen Herzen fürchte den Herrn und halte seine Priester in Ehren (oder heilig).

30 Mit ganzer Kraft liebe deinen Schöpfer und laß seine Diener nicht im Stich.

31 Fürchte den Herrn und ehre den Priester und gib ihm seinen Anteil, wie dir geboten ist: die Erstlinge und Schuldopfer und die Gabe des Bugs, das hochheilige Speisopfer und den Priesterzehnten.

32 Auch dem Armen strecke deine Hand hin, damit der Segen für dich vollkommen werde.

33 Ein liebevolles Geschenk kommt jedem Lebenden zu, aber auch dem Toten versage deine Liebe nicht.

34 Entziehe dich nicht den Weinenden und trauere mit den Trauernden.

35 Sei nicht lässig, die Kraken zu besuchen, denn durch solches Verhalten wirst du Liebe ernten.

36 Bei allem, was du vorhast, denke an dein Ende, so wirst du niemals böse handeln.

8. Kapitel

Vom rechten Verhalten gegen die Mitmenschen

1 Streite nicht mit einem mächtigen Herrn, damit du ihm nicht in die Hände fallest.

2 Zanke nicht mit einem reichen Manne, damit

er nicht das Gewicht seines Geldes gegen dich in die Wagschale lege; denn schon viele hat das Geld zur Schlechtigkeit verleitet und sogar die Herzen der Könige vom rechten Wege abgeführt.

3 Streite nicht mit einem zungenfertigen Manne und häufe nicht noch mehr Holzscheite auf sein Feuer.

4 Scherze nicht mit einem Ungebildeten, damit deine Vorfahren nicht beschimpft werden.

5 Mache keinem Menschen Vorwürfe, der sich von der Sünde abwendet; bedenke, daß wir alle in Schuld sind.

6 Achte keinen Menschen gering wegen seines hohen Alters, denn auch von uns selbst werden manche alt.

7 Freue dich nicht über jemandes Tod; bedenke wohl: wir alle müssen sterben.

8 Vernachlässige nicht die Gespräche der Weisen und beschäftige dich mit ihren Sinnsprüchen; denn von ihnen kannst du Bildung lernen, um den Großen dienen zu können.

9 Mißachte nicht die Gespräche der Greise, denn auch sie haben von ihren Vätern gelernt; denn von ihnen kannst du Einsicht lernen, um zur Zeit, wo es not tut, Antwort zu geben.

10 Blase nicht die Kohlen des Sünders in Brand, damit du nicht von seiner Feuerflamme versengt werdest.

11 Gerate nicht außer dir gegenüber einem frechen Menschen, damit er nicht wie ein

Lauerposten deinem Munde nachstelle.

12 Borge keinem Manne, der mächtiger ist als du; hast du ihm aber geborgt, so sieh es als verloren an.

13 Leiste nicht Bürgschaft über dein Vermögen hinaus; hast du dich aber verbürgt, so mache dich aufs Bezahlen gefaßt.

14 Rechte nicht mit einem Richter, denn nach seinem Belieben entscheidet er.

15 Mit einem Tollkühnen begib dich nicht auf die Reise, damit er nicht schweres Leid über dich bringe; denn er wird nach seinem Kopfe handeln, und du wirst durch seine Unbesonnenheit mit ins Unglück geraten.

16 Mit einem Jähzornigen laß dich in keinen Streit ein und wandere mit ihm nicht durch die Wüste; denn Blut zu vergießen gilt ihm für nichts, und wo keine Hilfe da ist, streckt er dich zu Boden.

17 Mit einem Toren schmiede keinen Plan, denn er vermag keine Sache geheimzuhalten.

18 Vor den Augen eines Fremden tue nichts, was geheim bleiben soll; denn du weißt nicht, was er schließlich anstellen wird.

19 Nicht jedem Menschen offenbare dein Herz, er möchte dir wohl schlechten Dank dafür abstatten.

9. Kapitel

Warnung vor Verführerinnen

1 Sei nicht eifersüchtig auf die Ehefrau an deinem Busen und bringe ihr nicht eine schlimme Lehre bei zu deinem eigenen Schaden.

2 Gib deinen Willen nicht ganz und gar deiner Frau preis, so daß sie zu der dir gebührenden Herrschaft emporsteigt.

3 Nähere dich keinem buhlerischen Weibe, damit du nicht in ihre Schlingen fallest.

4 Bei einer Zitherspielerin verweile nicht lange, damit du nicht von ihren Künsten umstrickt werdest.

5 Eine Jungfrau betrachte nicht genau, damit du nicht durch das zu zahlende Strafgeld in Schande geratest.

6 Gib dein Herz nicht an Buhldirnen hin, damit du nicht um dein Hab und Gut kommest.

7 Gaffe nicht in den Straßen der Stadt umher und schweife nicht durch ihre einsamen Gassen.

8 Wende deine Augen ab von einer schönen Frau und laß deine Blicke nicht ruhen auf einer fremden Schönheit; durch Weiberschönheit sind schon viele berückt worden, und an ihr entzündet die Liebe sich wie Feuer. (Jede Frau, die der Unzucht sich preisgibt, wird wie Unrat auf der Erde zertreten. Viele sind durch eines fremden Weibes Schönheit auf Abwege geraten;

denn die Unterhaltung mit ihnen brennt wie Feuer.)

9 Mit einer verheirateten Frau sitze überhaupt nicht zusammen und schmause nicht mit ihr beim Wein, damit dein Herz sich ihr nicht zuneige und du durch deine Leidenschaft ins Verderben geratest.

10 Einen alten Freund laß nicht fahren, denn der neue kommt ihm nicht gleich; ein neuer Freund ist wie neuer Wein: erst wenn er alt geworden ist, trinkt man ihn mit Vergnügen.

11 Beneide keinen Sünder um seine Herrlichkeit, denn du weißt nicht, wie sein Ende sein wird.

12 Habe kein Wohlgefallen an dem Wohlergehen der Gottlosen; bedenke wohl, daß sie nicht bis zum Tode ungestraft bleiben.

13 Halte dich weit entfernt von einem Manne, der die Macht hat zu töten, damit du nicht in Todesfurcht zu schweben brauchst; wenn du aber mit ihm zu tun hast, so laß dir nichts zuschulden kommen, damit er dir nicht das Leben nehme. Bedenke wohl, daß du inmitten von Schlingen einhergehst und auf den Mauerzinnen einer Stadt wandelst.

14 Soviel du vermagst, berate deinen Nächsten und besprich dich mit weisen Leuten.

15 Mit den Einsichtsvollen halte deine Unterredungen ab, und den Gegenstand aller

deiner Gespräche bilde das Gesetz des Höchsten.

16 Rechtschaffene Männer seien deine Tischgenossen, und in der Gottesfurcht bestehe dein Ruhm.

17 Durch die Hand kunstfertiger Meister erlangt ein Werk Lob, und der Führer eines Volkes ist der redefertige Weise.

18 Gefürchtet in seiner Stadt ist der Schwätzer (oder Schreier, Zungenheld), und wer sich in seiner Rede überstürzt, erntet Haß.

10. Kapitel

Der weise Regent.
Warnung vor Überheblichkeit.
Von Gottesfurcht und rechtem Ruhm.

1 Ein weiser Herrscher (oder Fürst) hält sein Volk in Zucht, und die Regierung eines Einsichtsvollen ist wohlgeordnet.

2 Wie der Herrscher seines Volkes, so sind auch seine Diener; und wie das Oberhaupt der Stadt, so sind auch (alle) ihre Einwohner.

3 Ein zuchtloser König richtet sein Volk zugrunde, aber volkreich wird eine Stadt durch die Einsicht ihrer Obersten.

4 In der Hand Gottes liegt die Herrschaft über die Erde, und zu rechter Zeit läßt er den Tüchtigen auf ihr erstehen;

5 in der Hand Gottes liegt auch das Wohlergehen eines jeden, und der Person eines hohen Beamten verlieht er seine Würde.

6 Aber keinerlei Unrecht grolle deinem Nächsten, und betätige dich niemals durch gewalttätiges Handeln;

7 verhaßt beim Herrn und bei den Menschen ist der Übermut, und gegen beide versündigt sich die Gewalttat.

8 Die Herrschaft geht von einem Volk auf das andere über infolge von Gewalttaten, Übermut und Geldgier. (Denn es gibt nichts Gesetzwidrigeres als den Geldgierigen, der ja seine eigene Seele zum Verkauf stellt.)

9 Wie kommt Staub und Asche dazu, sich zu überheben? Denn bei lebendigem Leibe reiße ich ihm die Eingeweide aus!

10 Eine leichte Krankheit – es scherzt der Arzt über sie – doch: Heute König und morgen ist er tot.

11 Denn wenn der Mensch stirbt, erhält er Moder und Maden, Geschmeiß und Würmer als Besitz.

12 Der Anfang des Hochmutes ist der Abfall des Menschen vom Herrn, wenn nämlich sein Herz sich von seinem Schöpfer abwendet.

13 Denn der Anfang des Hochmuts ist die Sünde, und wer an ihm festhält, richtet viele Gräuel an. Darum läßt der Herr wunderbare Heimsuchungen über ihn ergehen und vernichtet die Schuldigen schließlich völlig.

14 Die Throne der Stolzen stürzt der Herr um und setzt Sanftmütige an ihre Stelle;

15 Völker rottet der Herr mit der Wurzel aus und pflanzt Demütige an ihre Stelle;

16 Die Spuren der Stolzen verwischt der Herr und tilgt sie aus bis auf den Erdengrund;

17 er reißt sie weg aus der Erde und vernichtet sie und vertilgt ihr Gedächtnis von der Erde.

18 Nicht ist der Hochmut für die Menschen geschaffen, noch wütender Zorn für die von Weibern Geborenen. –

19 Welches Geschlecht steht in Ehren? Das Geschlecht des Menschen. Welches Geschlecht steht in Ehren? Das Geschlecht der Gottesfürchtigen. Welches Geschlecht steht in Unehren? Das Geschlecht des Menschen; welches Geschlecht steht in Unehren? Das Geschlecht der die (göttlichen) Gebote Übertretenden.

20 Im Kreise von Brüdern steht ihr Oberhaupt in Ehren, und ebenso die Gottesfürchtigen in den Augen des Herrn.

21 Der Reiche und der Angesehene und der Arme – ihr Ruhm ist die Furcht des Herrn.

22 Es ist nicht recht, einen verständigen Armen zu mißachten, und es ziemt sich nicht, einen sündigen Menschen zu ehren.

23 Der Hochstehende und Herrscher und Gewalthaber stehen hoch in Ehren, und doch

steht keiner von ihnen höher als der Gottesfürchtige.

24 Einem umsichtigen Knechte leisten die Freien Dienste, und ein verständiger Mensch murrt nicht (wenn er zurechtgewiesen wird).

25 Tue nicht klug bei Verrichtung deiner Arbeit und tue nicht vornehm, wenn du Mangel leidest.

26 Besser ist daran, wer arbeitet und Überfluß an allem hat, als wer groß tut und Mangel an Brot hat.

27 Mein Sohn, in Demut zolle dir selbst Hochachtung und erweise dir Ehre, soweit du es wirklich verdienst.

28 Wer wird dem Anerkennung gewähren, der gegen sich selbst sündigt? Und wer wird den ehren, der sich selbst verunehrt?

29 Mancher Arme wird geehrt um seiner Einsicht willen, und mancher Reiche wird nur um seines Reichtums willen geehrt.

30 Wer aber trotz seiner Armut in Ehren steht, – wie erst, wenn er reich wäre! und wer trotz seines Reichtums ungeehrt ist, – wie erst, wenn er arm wäre!

31 Die Weisheit des Niedrigen erhöht sein Haupt und weist ihm seinen Platz unter den Großen an.

11. Kapitel

*In demütigem Aufsehen auf Gott
muß man sein Glück suchen,
unter den Menschen aber Vorsicht gebrauchen.*

1 Lobe keinen Menschen um seiner Schönheit willen und verabscheue niemand um seines Aussehens willen:
2 klein ist unter den Flugtieren die Biene, und doch steht, was sie schafft, unter den Süßigkeiten obenan.
3 Rühme dich nicht der Kleider, die du anhast, und überhebe dich nicht am Tage, wo du in voller Pracht erscheinst; denn wunderbar sind die Werke des Herrn, und verborgen sind seine Werke vor den Menschen.
4 Viele Herrscher haben am Boden sitzen müssen, und der, an den niemand gedacht hatte, hat die Krone getragen;
5 viele Machthaber sind schimpflich entehrt und Hochgestellte der Gewalt anderer (oder dem Unglück) preisgegeben worden.

6 Tadle nicht, ehe du geprüft hast; untersuche zuerst und dann erkläre für falsch.
7 Antworte nicht, ehe du gehört hast, und falle niemandem mitten in die Rede hinein.
8 Über eine Sache, die dich nichts angeht,

streite nicht, und wenn Sünder zu Gericht sitzen, so setze dich nicht mit hin.

9 Mein Sohn, laß dich nicht auf vielerlei Geschäfte ein, denn wenn du vielerlei Dinge betreibst, wirst du nicht frei von Schuld bleiben; und wenn du ihnen nachjagst, wirst du doch nichts erreichen und, wenn du davonläufst, doch nicht entrinnen.

10 Mancher müht sich ab und plagt sich und hastet und bleibt nur umsomehr zurück;

11 ein anderer ist langsam und bedarf der Beihilfe, hat Mangel an Kraft und Überfluß an Armut, aber die Augen des Herrn blicken gütig auf ihn, und er hebt ihn empor aus seiner Niedrigkeit.

12 und erhöht ihm das Haupt, so daß viele sich über ihn verwundern.

13 Glück und Unglück, Leben und Tod, Armut und Reichtum kommen vom Herrn. (Weisheit und Einsicht und Kenntnis des Gesetzes kommen vom Herrn; Liebe und die Wege guter Werke kommen von ihm. Irrtum und Finsternis sind mit den Sündern zugleich erschaffen; wer sich aber seiner Bosheit rühmt, mit dem zugleich altert das Böse).

14 Was der Herr gibt, verbleibt den Frommen, und sein Wohlgefallen verleiht immerdauerndes Wohlergehen.

15 Mancher wird reich durch sein Sparen und

seine Knickerei, und folgender Lohn wird ihm dafür zuteil:

16 er kann sagen: 'Ich habe nun Ruhe erlangt, jetzt will ich meine Güter genießen'. Er weiß doch nicht, wie viel Zeit noch vergehen wird, bis er sein Gut anderen überlassen und sterben muß.

17 Mein Sohn, bleibe in deinem Berufe und laß ihn dir gefallen und werde alt in deinem Geschäft.

18 Wundere dich nicht über die Erfolge der Sünder, vertraue vielmehr dem Herrn und harre in deiner Mühsal aus; denn ein leichtes ist es in den Augen des Herrn, einen Armen schnell und unvermutet reich zu machen.

19 Der Segen des Herrn ist der Lohn des Frommen, und in kurzer Frist läßt er seinen Segen erblühen.

20 Sage nicht: 'Was habe ich noch nötig? und welche Glücksgüter können mir von nun an noch zuteil werden?'

21 Sage auch nicht: 'Ich habe genug, und welches Unglück kann mir von nun an noch widerfahren?'

22 Zur Zeit des Glücks vergißt man das Unglück, und zur Zeit des Unglücks denkt man nicht mehr an das Glück;

23 denn ein leichtes ist es dem Herrn, am Todestage einem jeden nach seinem Wandel zu vergelten.

24 Böse Zeit bewirkt Vergessen des (früheren)

Wohllebens, und beim Lebensabschluß eines Menschen werden seine Taten offenbar.

25 Vor dem Tode preise niemand glücklich, und erst an seinem Ende wird der Mann erkannt.

26 Nicht jeden Menschen führe in dein Haus, denn vielfältig sind die Nachstellungen des Betrügers.

27 Wie ein zur Jagd abgerichtetes Rebhuhn im Korbe, so ist das Herz des Stolzen und wie ein Späher der nach einer Blöße ausspäht;

28 denn hinterlistig lauernd, verkehrt er das Gute in Böses und hängt den trefflichsten Dingen einen Schandfleck an.

29 Von einem Feuerfunken entsteht ein großer Kohlenbrand; so lauert auch ein ruchloser Mensch auf Blutvergießen.

30 Sei auf der Hut vor dem Bösewicht, denn er schmiedet Unheil, damit er dir nicht einen unauslöschlichen Schandfleck anhänge.

31 Nimmst du einen Fremden in dein Haus auf, so wird er dich in Unruhe stürzen und dich deinen Angehörigen entfremden.

12. Kapitel

*Wohltätigkeit gegen den Dürftigen,
Vorsicht gegen den Feind.*

1 Willst du wohltun, so achte darauf, wenn du

Gutes erweisest, so wirst du für deine Wohltaten Dank ernten.

2 Tue dem Frommen wohl, so wirst du Vergeltung erlangen, und zwar wenn nicht von ihm, so doch vom Höchsten.

3 Nicht sind Wohltaten dem zu erweisen, der immerfort auf Böses sinnt, noch auch dem, der die Mildtätigkeit nicht mit Dank vergilt.

4 Gib dem Frommen, des Sünders aber nimm dich nicht an.

5 Tue dem Demütigen Gutes, aber dem Gottlosen gib nichts; versage ihm das Brot und gib es ihm nicht, damit er dich dadurch nicht in seine Gewalt bekomme; denn doppelt so viel Böses wirst du von ihm erhalten für alles Gute, das du ihm erweisest;

6 denn auch der Höchste haßt die Sünder und vergilt den Gottlosen mit Strafe.

7 Gib dem Guten, des Sünders aber nimm dich nicht an.

8 Im Glück läßt sich der Freund nicht erkennen, aber im Unglück bleibt der Feind nicht verborgen.

9 Im Glück eines Menschen ist auch der Feind ein Freund, aber wenn es ihm unglücklich geht, trennt sich auch der Freund von ihm.

10 Traue deinem Feinde niemals, denn wie das Eisen, so rostet auch seine Schlechtigkeit;

11 auch wenn er sich demütig stellt und gebückt einhergeht, so gib acht und sei vor ihm

auf der Hut; sei ihm gegenüber wie einer, der den Spiegel putzt, so wirst du erkennen, daß der Rost nicht für immer auf ihm festgesessen hat.

[Und sei zu ihm wie einer, der einen Spiegel poliert. Bedenke, dass er immer wieder Rost ansetzt. (7)

Und wenn du gleich an ihm polierst wie an einem Spiegel, so bleibt er doch rostig. (8)]

12 Laß ihn nicht neben dir stehen, damit er dich nicht stürze und an deine Stelle trete; laß ihn nicht zu deiner Rechten sitzen, damit er nicht nach deinem Sitz trachte; du würdest sonst zuguterletzt erkennen, daß ich recht hatte, und über meine Warnungen seufzen.

13 Wer bedauert einen Beschwörer, der von seiner Schlange gebissen wird, und alle die, welche sich mit wilden Tieren zu schaffen machen?

14 Ebenso ergeht es dem, der mit einem Sünder umgeht und sich mit seinen Sünden befleckt:

15 eine Zeitlang bleibt er bei dir, aber wenn du wankst, so hält er nicht stand.

16 Auf seinen Lippen hat der Feind freundliche Worte, aber in seinem Herzen sinnt er darauf, dich in die Grube zu stoßen; mit seinen Augen vergießt der Feind Tränen, wenn er aber eine gute Gelegenheit findet, wird er des Blutvergießens nicht satt;

17 wenn Unglück dir zustößt, so wirst du ihn noch früher als dich selbst an der Unglücksstätte

antreffen, und als ob er dir helfen wollte, stellt er dir ein Bein;

18 er schüttelt den Kopf und klatscht in die Hände, und mit vielem Zischeln verzieht er das Gesicht.

13. Kapitel

Kluges Betragen gegen Reiche und Vornehme.

1 Wer Pech angreift, besudelt sich, und wer mit dem Hochmütigen umgeht, wird ihm ähnlich.

2 Eine Last, die über deine Kräfte geht, hebe nicht auf, und mit einem, der (mächtiger und) reicher ist als du, gehe nicht um; was hat der (irdene) Kochtopf mit dem (eisernen) Kessel zu tun? Dieser stößt an ihn und jener zerbricht.

3 Der Reiche tut Unrecht und schilt (oder prahlt, rühmt sich?) noch dazu, der Arme erleidet Unrecht und muß obendrein noch um Verzeihung bitten.

4 Wenn du für ihn brauchbar bist, bemüht er sich um dich, wenn du aber Mangel leidest, so läßt er dich im Stich;

5 wenn du etwas hast, so lebt er mit dir zusammen und leert dich aus, ohne selbst sich zu mühen;

6 hat er dich nötig, so täuscht er dich; er lächelt dir zu und macht dir Hoffnungen, (redet schöne

Worte zu dir und fragt: 'Womit kann ich dir dienen?')

7 und beschämt dich durch seine Bewirtungen, bis er dich drei- oder viermal ausgebeutet hat, und schließlich verlacht er dich noch. Sieht er dich später einmal, so läßt er dich unbeachtet und schüttelt den Kopf über dich.

8 Nimm dich in acht, daß du nicht betrogen werdest und nicht gedemütigt in deiner Freude.

9 Lädt ein Mächtiger dich zu sich ein, so halte dich zurück: er wird dich um so dringender zu sich einladen.

10 Dränge dich nicht herzu, damit du nicht zurückgewiesen werdest, halte dich aber auch nicht fern, damit du nicht vergessen werdest.

11 Trachte nicht danach, mit ihm wie mit deinesgleichen zu reden, und traue nicht seinem vielen Gerede; denn mit seinem vielen Geplauder will er dich in Versuchung führen und durch sein Anlächeln dich ausforschen.

12 Ohne Erbarmen ist der, welcher die Worte nicht bei sich behält, und wird sicherlich mit Mißhandlung und Banden nicht sparsam verfahren.

13 Gib wohl acht und sei sorgsam auf der Hut, denn du wandelst in Begleitung deines Sturzes.

14 Jedes Tier liebt seinesgleichen und jeder Mensch den, der ihm ähnlich ist (oder den ihm Gleichgestellten).

15 Jedes Geschöpf gesellt sich zu seiner Art,

und so schließe sich auch der Mensch an seinesgleichen an. [so soll sich auch der Mensch zu seinesgleichen gesellen (8)]

16 Welche Gemeinschaft hat der Wolf mit dem Lamm? Ebenso steht es mit dem Gottlosen gegenüber dem Frommen.

17 Wie kann Friede bestehen zwischen der Hyäne und dem Hunde? und welcher Friede herrscht zwischen dem Reichen und dem Armen?

18 Die Jagdbeute der Löwen sind die Wildesel der Steppe; ebenso bilden die Armen die Weide der Reichen.

19 Ein Gräuel für den Hochmütigen ist die Demut; ebenso ist der Arme ein Gräuel für den Reichen.

20 Gerät der Reiche ins Wanken, so wird er von Freunden gestützt; ist aber der Arme zu Fall gekommen, so wird er von Freunden vollends zur Seite gestoßen.

21 Hat ein Reicher sich verfehlt, so sind viele Verteidiger da; hat er Häßliches geredet, so rechtfertigt man es; hat aber ein Niedriger sich verfehlt, so macht man ihm obendrein Vorwürfe; auch wenn er Verständiges redet, schenkt man ihm keine Beachtung.

22 Redet ein Reicher, so schweigen alle und erheben seine Worte bis an die Wolken; doch redet der Arme, so heißt's:

23 'Wer ist der?' und stößt er an, so bringt man ihn vollends zu Fall.

24 Gut ist der Reichtum, an dem keine Sünde klebt, und schlimm ist die Armut nach der Aussage des Gottlosen.
25 Das Herz des Menschen verändert sein Angesicht, bald zum Guten, bald zum Schlimmen;
26 das Zeichen eines Herzens im Glück ist ein heiteres Angesicht, aber das Ersinnen von Denksprüchen erfordert mühsames Nachdenken.

14. Kapitel

Warnung vor Geiz

1 Heil dem Manne, der sich nicht mit seinem Munde verfehlt und der nicht gequält wird vom Kummer über seine Sünden!
2 Heil dem, den sein Bewußtsein (oder Gewissen) nicht verurteilt und der seiner Hoffnung nicht verlustig gegangen ist!
3 Für einen knauserigen Menschen ist der Reichtum nicht gut, und wozu dient das Geld einem mißgünstigen Menschen?
4 Wer da sammelt und sichs abdarbt, sammelt für andere, und in seinen Gütern werden andere schwelgen.

5 Wer gegen sich selbst hartherzig ist, gegen wen sollte der gütig sein? Niemals wird ein solcher seines Geldes froh werden.

6 Kein Mensch ist bösartiger, als wer sich selbst nichts gönnt, und gerade dies ist der Lohn für seine Schlechtigkeit.

7 Tut er wirklich einmal Gutes, so tut er's aus Vergeßlichkeit, und zuletzt macht er doch seine Schlechtigkeit offenbar.

8 Schlecht ist der mißgünstig Blickende, der sein Angesicht wegwendet und andere Seelen nicht beachtet.

9 Des Habgierigen Auge ist mit seinem Anteil nicht zufrieden, und seine böse Ungerechtigkeit trocknet ihm die Seele aus.

10 Ein böses Auge ist neidisch sogar beim Brot und leidet Mangel am eigenen Tisch.

11 Mein Sohn, tue dir gütlich nach deinem Vermögen und bringe dem Herrn in gebührender Weise Gaben dar. [Mein Kind, tu dir selbst so viel Gutes an, wie du kannst, und gib dem Herrn die Opfer, die ihm gebühren. (9)]

12 Bedenke wohl, daß der Tod nicht säumt und daß der Beschluß der Unterwelt dir nicht kundgetan ist.

13 Bevor du stirbst, tue deinem Freunde Gutes, und nach deinem Vermögen reiche dar und gib ihm.

14 Laß keinen guten Tag unbenutzt

entschwinden und laß deinen Anteil an einem erlaubten Genuß dir nicht verloren gehen;

15 mußt du nicht einem andern den Ertrag deiner mühsamen Arbeit hinterlassen und dein sauer Erworbenes der Verteilung durchs Los?

16 Gib und nimm an und rede dir selbst zu; denn in der Unterwelt kann man keinem Wohlleben nachgehen. [denn wenn du tot bist, so hast du nichts mehr davon. (10)]

17 Alles Fleisch wird alt wie ein Gewand; denn von Ewigkeit her besteht das Gesetz: 'Du mußt sterben'.

18 Wie die sprossenden Blätter am dichtbelaubten Baume – die einen fallen ab, andere wachsen hervor – ebenso ist's mit den Geschlechtern von Fleisch und Blut: das eine stirbt, und ein anderes wird geboren.

19 Jedes seiner Werke vermodert und nimmt ein Ende, und was seine Hände schaffen, folgt ihm nach.

Vom Nutzen der Weisheit.
Ursache der Sünden.

20 Heil dem Manne, der über die Weisheit nachsinnt und mit seiner Einsicht überlegt,

21 der die Wege zu ihr in seinem Herzen erwägt und über ihre Geheimnisse nachdenkt,

22 indem er ihr nachgeht wie ein Späher und an den Wegen lauert, auf denen sie geht,

23 der durch ihre Fenster hineinguckt und an

ihren Türen horcht,

24 der ganz nahe bei ihrer Wohnung Rast hält und seinen Zeltpflock in ihre Wände einschlägt,

25 sein Zelt aufschlägt ihr zur Seite und so Einkehr hält in guter Herberge,

26 auch sein Nest in ihrem Laubdach baut und unter ihren Zweigen dauernd weilt:

27 der wird durch sie vor der Sonnenglut beschirmt und herbergt bei ihr in Herrlichkeit.

15. Kapitel

1 Wer den Herrn fürchtet, verfährt so, und wer sich an das Gesetz hält, wird sie erlangen;

2 und sie wird ihm entgegenkommen wie eine Mutter und wie ein Weib der Jugendliebe ihn aufnehmen.

3 Sie wird ihn speisen mit dem Brot der Einsicht und das Wasser der Erkenntnis ihm zu trinken geben.

4 Er wird sich auf sie stützen und nicht ins Wanken geraten, und er wird sich an sie halten und nicht enttäuscht werden;

5 sie wird ihn über seine Genossen erhöhen und ihm inmitten der Gemeinde den Mund auftun;

6 Frohsinn und eine Ruhmeskrone und einen ewigen Namen wird er erlangen.

7 Unverständige Menschen werden sie sich niemals aneignen und die Sünder sie nicht zu

sehen bekommen;

8 fern bleibt sie von den Übermütigen, und die Lügner denken nicht an sie.

9 Übel klingt ihr Lobpreis im Munde des Sünders, weil ihm ein solcher vom Herrn nicht eingegeben wird;

10 denn nur durch den Mund des Weisen soll ein Loblied gesprochen werden, und wer seiner mächtig ist, soll es lehren.

Von der Verantwortung des Menschen

11 Sage nicht: 'Durch Gott bin ich zum Abfall (von ihm) gekommen'; denn er bewirkt nicht das, was er haßt.

12 Sage nicht: 'Er hat mich zu Fall gebracht'; denn er bedarf keines sündigen Menschen.

13 Jeglichen Gräuel haßt der Herr, und er läßt es nicht zustoßen denen, die ihn fürchten.

14 Gott hat den Menschen im Anbeginn geschaffen und ihn seiner eigenen Willensentscheidung überlassen.

15 Wenn du willst, kannst du die Gebote halten, und Treue zu beweisen hängt von deinem freien Willen ab.

16 Feuer und Wasser hat er dir vorgelegt: strecke deine Hand aus, wonach du willst.

17 Vor dem Menschen liegen Leben und Tod: was ihm beliebt, wird ihm gegeben.

18 Denn groß ist die Weisheit des Herrn; stark ist er an Macht und sieht alles;

19 und seine Augen sind auf die gerichtet, welche ihn fürchten, und er kennt alles Tun der Menschen.

20 Keinem Menschen hat er geboten, gottlos zu sein, und keinem die Erlaubnis gegeben, zu sündigen.

16. Kapitel

Unglück durch mißratene Kinder.
Gerechtigkeit Gottes.
Gottlosigkeit und Gottes Gericht

1 Wünsche dir nicht eine Menge nichtsnutziger Kinder, und freue dich nicht über gottlose Söhne.

2 Wenn sie zahlreich werden, freue dich nicht über sie, wenn keine Gottesfurcht in ihnen wohnt.

3 Verlaß dich nicht auf ihr langes Leben und setze dein Vertrauen nicht auf ihre Wohnstätte; denn ein einziges kann besser sein als tausend, und kinderlos sterben ist besser als der Besitz gottloser Kinder.

4 Denn durch einen Gottesfürchtigen wird eine Stadt bevölkert, aber durch ein Geschlecht von Gottlosen verödet sie.

5 Vieles derartige habe ich mit eigenen Augen gesehen, und noch Gewaltigeres hat mein Ohr vernommen.

6 Gegen die Rotte der Gottlosen loderte das

Feuer auf, und gegen ein ungehorsames Volk entbrannte der Zorn (Gottes);

7 er verzieh nicht den Riesen (oder den Fürsten?) der Vorzeit, die im Gefühl ihrer Kraft sich empörten;

8 er verschonte auch nicht die Ortsgenossen Lots, die sicher waren in ihrem Übermut;

9 nicht erbarmte er sich des dem Untergange geweihten Volkes, das wegen seiner Sünden vertilgt wurde.

10 Und ebenso erging es den sechsmal hunderttausend Mann Fußvolks, die allesamt hingerafft wurden wegen ihrer Verstocktheit.

11 Und nun gar der Einzelne, der halsstarrig ist: ein Wunder wäre es, wenn er ungestraft bliebe; denn wie Erbarmen, so ist auch Zorn bei ihm; er hat die Macht zu verzeihen und gießt auch seinen Zorn aus;

12 so groß wie seine Gnade, ebenso groß ist auch seine Züchtigung; jeden richtet er nach seinen Werken.

13 Nicht entkommt der Frevler mit seinem Raube, und niemals läßt er die Hoffnung des Frommen unerfüllt;

14 für jeden, der Wohltätigkeit übt, gibt es einen Lohn, ein jeder empfängt nach seinen Werken. (Der Herr verhärtete den Pharao, so daß dieser ihn nicht erkannte, damit seine Machterweise dem Erdkreise unter dem ganzen Himmel kund würden; der ganzen Schöpfung ist

sein Erbarmen offenbar, und sein Licht und seine Finsternis hat er den Menschen zugeteilt.

Gegen leichtsinnigen Zweifel an Gottes Vergeltung

15 Sage nicht: 'Ich bin vor Gott verborgen, und wer wird in der Höhe meiner gedenken? Unter den vielen Leuten bleibe ich unbemerkt, und was bin ich in der unermeßlichen Schöpfung'?

16 Bedenke wohl: der Himmel und der Himmel des Himmels, das Weltmeer und die Erde erbeben, wenn er sie heimsucht;

17 die Berge allzumal und die Grundseiten der Erde erzittern vor Schrecken, wenn er sie anschaut.

18 Doch darauf achtet das Herz nicht, und wer bedenkt sein Walten?

19 Ja, wie der Sturmwind, den der Mensch nicht sehen kann, so sind die meisten seiner Werke verborgen.

20 Wer wird die Betätigungen seiner Gerechtigkeit verkündigen oder wer sie erwarten? In weiter Ferne liegt ja der Bund.

21 Wer Mangel an Einsicht hat, denkt so, und nur ein unverständiger (und auf Irrwegen wandelnder) Mensch ist so törichter Ansicht.

II. Zweiter Teil:
Gott als Schöpfer der Welt und die Stellung des Menschen ihm gegenüber

17. Kapitel

Gottes Werke in der Welt.
Mahnung zur Buße.

1 Der Herr hat den Menschen aus Erde geschaffen und läßt ihn wieder zu ihr (oder in sie) zurückkehren.

2 Lebenstage von bestimmter Zahl und eine Frist teilte er ihnen zu und verlieh ihnen Gewalt über alles, was auf ihr ist;

3 ihm selbst ähnlich, rüstete er sie mit Kraft aus und gestaltete sie nach seinem Bilde.

4 Die Furcht vor ihnen legte er auf alles Fleisch, auf daß sie die Herrschaft über die Tiere und Vögel besäßen.

5 Urteilskraft (oder Willensfreiheit?) und Sprache und Augen, Ohren und ein Herz zum Denken gab er ihnen;

6 verständige Einsicht verlieh er ihnen reichlich und lehrte sie Gutes und Böses unterscheiden;

7 er richtete sein Auge auf ihre Herzen, um ihnen die Erhabenheit seiner Werke zu zeigen,

8 damit sie seinen heiligen Namen priesen und die Erhabenheit seiner Werke (oder die Großtaten seines Waltens) verkündigten.

9 Er teilte ihnen Einsicht zu und gab ihnen das lebenwirkende Gesetz zum Besitz;

10 einen ewigen Bund schloß er mit ihnen und tat ihnen seine Rechte kund;

11 die Erhabenheit seiner Majestät schauten ihre Augen, und die Herrlichkeit seiner Stimme vernahm ihr Ohr;

12 und er gebot ihnen; 'Hütet euch vor jeglichem Unrecht!' und schrieb einem jeden von ihnen die Pflichten gegen den Nächsten vor.

13 Ihr Wandel liegt immerdar offen vor ihm, nicht können sie sich vor seinen Augen verbergen.

14 Jedem Volk hat er einen Herrscher gesetzt, aber Israel ist der Anteil, den der Herr für sich genommen.

15 Alle ihre Werke stehen vor ihm wie die Sonne, und seine Augen blicken beständig auf ihren Wandel;

16 nicht sind ihre Böstaten ihm verborgen, und alle ihre Sünden sind dem Herrn bekannt.

17 Die Mildtätigkeit eines Mannes ist bei ihm wie ein Siegelring, und die Liebestat eines Menschen hütet er wie den Augapfel.

18 Späterhin wird er sich erheben und ihnen vergelten und ihnen die Vergeltung auf ihr Haupt zurückzahlen;

19 jedoch denen, die sich bekehren, gestattet

er die Rückkehr, und die, welchen das Vertrauen geschwunden ist, ermutigt er wieder.

20 Bekehre dich zum Herrn und laß ab von den Sünden, bete im Aufblick zu ihm und mindere die Zahl deiner Fehltritte;

21 kehre zum Höchsten zurück und wende dich ab vom Unrechttun und hasse aufrichtig den Sündengräuel.

22 Wer wird dem Höchsten in der Unterwelt lobsingen an Stelle derer, die da leben und ihm Lobpreis darbringen?

23 Für den Toten, der ja nicht mehr ist, hat der Lobpreis ein Ende; nur wer lebt und gesund ist, kann den Herrn preisen.

24 Wie groß ist die Barmherzigkeit des Herrn und seine Versöhnlichkeit für die, welche sich zu ihm bekehren!

25 Denn nicht kann die ganze Vollkommenheit in den Menschen vorhanden sein, weil ja die Menschenkinder nicht unsterblich sind.

26 Was ist heller als die Sonne? und sogar sie verfinstert sich; so richtet auch der Böse seinen Sinn auf Fleisch und Blut.

27 Die Heerscharen des Himmels droben mustert Gott, aber die Menschen allesamt sind Staub und Asche.

18. Kapitel

*Gottes unbegreifliche Barmherzigkeit.
Von Wohltätigkeit, zeitiger Buße, Selbstbeherrschung
und bösen Leidenschaften.*

1 Er, der in Ewigkeit Lebende, hat alles ohne Ausnahme geschaffen;
2 der Herr allein bewährt sich als gerecht.
3 Niemandem verleiht er die Fähigkeit, seine Werke zu verkünden, und wer vermag seine Großtaten zu erforschen?
4 Wer kann seine gewaltige Erhabenheit zutreffend ermessen und wer noch überdies seine Gnadenerweise aufzählen?
5 Es geht nicht an, etwas davon abzuziehen, noch etwas hinzuzufügen, und es ist unmöglich, die Wundertaten des Herrn zu erforschen.
6 Wenn der Mensch damit zu Ende ist, fängt er eben erst an, und wenn er aufhört, fühlt er sein Unvermögen.
7 Was ist der Mensch, und wozu ist er nütze? worin besteht sein Glück und worin sein Unglück?
8 Die Zahl der Lebenstage eines Menschen beträgt, wenn's hoch kommt, hundert Jahre.
9 Wie ein Wassertropfen aus dem Meer und wie ein Sandkorn (am Meer), so sind diese wenigen Jahre im Verhältnis zu einem Tage der Ewigkeit.
10 Darum ist der Herr langmütig gegen sie und

gießt seine Barmherzigkeit über sie aus;

11 er sieht und erkennt, daß ihr Ende böse ist; darum gewährt er ihnen reichlich seine Vergebung.

12 Das Erbarmen eines Menschen gilt seinem Nächsten, aber das Erbarmen des Herrn erstreckt sich über alles Fleisch; er weist zurecht, erzieht und belehrt und führt wie ein Hirt seine Herde zurück;

13 er erbarmt sich derer, die seine Zucht annehmen, und derer, die zu seinem Erbarmen herzueilen.

Vom Wohltun mit Worten und Werken

14 Mein Sohn, beim Gutestun füge keinen Vorwurf hinzu und bei keiner Gabe verletzende Worte.

15 Macht nicht der Tau der Hitze des Glutwindes ein Ende? So ist auch ein (beigefügtes gutes) Wort besser als die Gabe (selbst).

16 Bedenke wohl: ist nicht ein (gutes) Wort mehr wert als eine wohltätige Gabe? und beides steht einem freundlichen Manne zur Verfügung.

17 Der Tor macht auf unliebenswürdige Weise Vorwürfe, und die Gabe des Mißgünstigen preßt den Augen Tränen aus.

18 Ehe du redest, lerne, und ehe du krank wirst, sorge für deine Gesundheit;

19 ehe das Gericht (Gottes) eintritt, prüfe dich selbst, so wirst du zur Zeit der Heimsuchung Verzeihung erlangen;

20 ehe du in Krankheit verfällst, demütige dich, und in der Zeit deiner Verfehlungen lege Bekehrung an den Tag.

21 Versäume nicht, ein Gelübde rechtzeitig zu erfüllen, und warte nicht bis zum Tode, um dich davon frei zu machen.

22 Ehe du ein Gelübde tust, stelle eine sorgfältige Überlegung an und sei nicht wie ein Mensch, der den Herrn versucht.

23 Denke an den Zorn (Gottes) in den Tagen des Endes und an die Zeit der Vergeltung, wenn er sein Angesicht von dir abwendet.

24 Denke an die Zeit des Hungers zur Zeit des Überflusses, an Armut und Mangel in den Tagen des Reichtums.

25 Vom Morgen bis zum Abend kann die Zeit sich ändern, und alles verläuft schnell vor den Augen des Herrn.

26 Der weise Mann ist in allen Stücken auf seiner Hut und hütet sich in den Tagen der Sünden vor Verfehlung.

27 Jeder Verständige kennt die Weisheit und zollt dem, der sie erlangt hat, Anerkennung.

28 Diejenigen, welche Verständnis für Spruchreden besitzen, beweisen sich auch selbst als weise und strömen zutreffende Sinnsprüche in Menge aus.

29 Gehe nicht deinen Begierden nach und halte dich von deinen Lüsten zurück;

30 denn wenn du deiner Seele das Wohlgefallen an den Lüsten gestattest, so wird sie dich zum Gespött deiner Feinde machen.

31 Habe keine Freude an häufiger Schwelgerei und beteilige dich nicht an üppigen Gelagen;

32 mache dich nicht arm, indem du Schmausereien mit geborgtem Gelde veranstaltest, während du nichts im eigenen Beutel hast.

19. Kapitel

1 Ein dem Trunk ergebener Arbeiter wird nicht reich, und wer das Wenige nicht zu Rate hält, wird gar bald herunterkommen.

2 Wein und Weiber machen das Herz zuchtlos, und wer sich an Dirnen hängt, treibt's noch toller.

3 Maden und Würmer nehmen ihn in Besitz, und wer toll darauflöslebt, wird hinweggerafft.

Vom bösen Gerede

4 Wer schnell Vertrauen schenkt, ist leichtsinnig, und wer sich dadurch vergeht, fügt sich selbst Schaden zu.

5 Wer ein schadenfrohes Herz hat, wird Tadel erfahren,

6 und wer Geschwätz weitersagt, beweist Mangel an Einsicht.

7 Niemals erzähle ein Gerede weiter, so wird dir nimmermehr ein Nachteil erwachsen.

8 Bei Freund und bei Feind erzähle es nicht weiter, und wenn es dir keine Sünde ist, so spricht nicht darüber;

9 denn hat man's von dir gehört, so hütet man sich vor dir und erweist dir Haß zu geeigneter Zeit.

10 Hast du ein Gerede gehört, so laß es mit dir sterben; sei ohne Sorge: du wirst nicht davon platzen.

11 Infolge eines (zu verschweigenden) Wortes leidet der Tor Geburtsschmerzen wie eine Gebärende infolge der Leibesfrucht;

12 wie ein Pfeil, der im fleischigen Schenkel eines Mannes steckt, ebenso ist ein (zu verschweigendes) Wort im Inneren eines Toren.

13 Stelle den Freund zur Rede, ob er es etwa gar nicht getan hat, und wenn er sich etwas hat zu Schulden kommen lassen, daß er es nicht wieder tue.

14 Stelle den Nächsten zur Rede, ob er es etwa gar nicht gesagt hat, und wenn er's gesagt hat, daß er es nicht nochmals sage.

15 Stelle den Freund zur Rede, denn gar oft kommt Verleumdung vor, und glaube nicht jedem Gerede.

16 Mancher verfehlt sich, aber nicht absichtlich,

und wer hätte sich noch nie mit seiner Zunge vergangen?

17 Stelle deinen Nächsten zur Rede, ehe du Drohworte ausstößt, und laß das Gesetz des Höchsten (3.Mose 19,17) zur Anwendung kommen.

Weisheit und Arglist

18 *Die Furcht des Herrn ist der Anfang des (göttlichen) Wohlwollens, die Weisheit aber gewinnt sich bei ihm Liebe. Die Kenntnis der Gebote des Herrn ist lebenspendende Bildung; die aber das tun, was ihm wohlgefällt, pflücken die Frucht vom Baume der Unsterblichkeit.* Jegliche Weisheit ist Furcht des Herrn, und mit jeglicher Weisheit ist Erfüllung des Gesetzes verbunden;

19 nicht aber ist Weisheit die Kenntnis der Schlechtigkeit, und keine Einsicht ist der Ratschlag der Sünder. [Arglistigkeit ist nicht Weisheit, und der Gottlosen Tücken sind keine Klugheit (11)]

20 Es gibt eine Schlauheit, und sie ist ein Gräuel; und es gibt Unverständige, denen die Schlechtigkeit abgeht. [Es gibt eine Schlauheit, die man verabscheuen muss, und ein Tor ist, dem es an Weisheit fehlt. (12)]

21 Besser ist der Gottesfürchtige, dem es an Einsicht gebricht, als wer an Klugheit überreich, aber ein Gesetzesübertreter ist.

22 Es gibt eine sorgfältig zu Werke gehende Schlauheit, und die ist ungerecht; und mancher verdreht das Recht, um einen Urteilsspruch herauszubringen.

23 Mancher geht gebückt einher in schwarzem Trauerkleid, aber in seinem Inneren ist er voller Tücke;

24 er schlägt den Blick zur Erde nieder und stellt sich auf einem Ohre taub; wo er aber unbeobachtet ist, wird er über dich herfallen;

25 und sieht er sich aus Mangel an Kraft gehindert, Böses zu tun, so wird er's ausführen, sobald er Gelegenheit dazu findet.

26 An der äußeren Erscheinung erkennt man den Mann, und an der Art seines Auftretens erkennt man den Einsichtigen;

27 die Kleidung eines Mannes und das Lachen seines Mundes und der Gang eines Menschen verraten, was an ihm ist.

20. Kapitel

Vermischte Lehren und Warnungen, besonders vor Vergehungen mit der Zunge.

Reden und Schweigen

1 Es gibt eine Zurechtweisung, die zur Unzeit geschieht, und mancher schweigt, und der ist klug.

2 Wie viel besser ist's, zur Rede zu stellen als (schweigend) zu grollen! und wer sein Unrecht offen zugesteht, entgeht dem Schaden. (Wie schön ist's, Reue an den Tag zu legen, wenn man zur Rede gestellt wird! Denn so meidet man freiwillige Verfehlungen.)

3 Wie die Begierde des Entmannten, ein Mädchen zu entjungfern, so handelt der (verfehlt), welcher das Recht mit Gewalt durchsetzen will.

4 Mancher schweigt und wird als weise erfunden, und mancher ist verhaßt infolge seiner großen Geschwätzigkeit.

5 Mancher schweigt, weil er keine Antwort zur Hand hat, und mancher schweigt, weil er die rechte Zeit kennt.

6 Ein weiser Mann schweigt bis zur rechten Zeit, aber der Prahler und der Dumme läßt die rechte Zeit unbeachtet.

7 Wer viele Worte macht, erregt Abscheu, und wer hochmütig auftritt, macht sich verhaßt.

Von den Wendungen des Schicksals

8 Zuweilen liegt Glück für einen Mann im Unglück, und ein Gewinn dient manchmal zum Verlust.

9 Es gibt Geschenke, die dir nichts nützen, und für manche Geschenke erhält man doppelte Vergeltung.

10 Erniedrigung kann eintreten infolge von

glänzender Stellung, und mancher hebt sein Haupt aus der Niedrigkeit empor.

11 Mancher kauft viel um geringen Preis und muß es nachher siebenfach bezahlen.

Eigennutz und Unbeliebtheit des Narren

12 Der Weise macht sich durch seine Reden beliebt, aber die Gunstbeweise der Toren sind erfolglos verschwendet.

13 Die Gabe eines Toren nützt dir nichts, denn statt eines Auges hat er deren viele;

14 er gibt nur wenig und rückt dir viel vor und sperrt seinen Mund auf wie ein Ausrufer; heute gibt er ein Darlehen und fordert es morgen zurück: hassenswert ist solch ein Mensch!

15 Der Tor sagt: 'Ich habe keinen Freund, und niemand dankt mir für meine Wohltaten; die mein Brot essen, sind lässig mit ihrer Zunge':

16 wie oft und wie viele werden ihn auslachen!

Unzeitiges Reden

17 Besser ein Fehltritt auf dem Fußboden als mit der Zunge; ebenso tritt der Sturz der Bösen gar schnell ein.

18 Wie ein widerwärtiger (oder unartiger) Mensch ist eine unzeitige Rede; im Munde der Ungebildeten findet sie sich allezeit.

19 Ein Sinnspruch, der aus dem Munde des

Toren kommt, findet keinen Anklang, denn er spricht ihn nie zu rechter Zeit aus.

Die Folgen von Armut und falscher Scham

20 Mancher wird durch Armut vom Sündigen abgehalten; so hat er denn bei seinem ruhigen Leben keine Gewissensbisse.
21 Mancher richtet sich selbst zugrunde aus Schamgefühl und stürzt sich selbst infolge törichter Verstellung ins Verderben;
22 Mancher gibt seinem Freunde aus Scham (leere) Versprechungen und macht ihn sich dadurch unnötigerweise zum Feinde.

Warnung vor Lügen

23 Ein häßlicher Schandfleck am Menschen ist die Lüge; im Munde der Ungebildeten findet sie sich allezeit;
24 besser ist noch ein Dieb als ein immerfort Lügender; beide aber bringen Verderben über sich. [aber zuletzt werden sie beide untergehen. (13)]
25 Das Ende eines lügenhaften Menschen ist ehrlos, und die Schande, die ihn trifft, bleibt für immer an ihm haften.

Rechtes und falsches Verhalten der Weisen

26 Der Weise bringt sich durch seine Reden zu

Ehren, und ein kluger Mann gefällt den Großen.

27 Wer den Acker bebaut, türmt seinen Garbenhaufen hoch empor; und wer den Großen gefällt, kann Verfehlungen gutmachen.

28 Geschenke und Gaben machen die Augen (auch) der Weisen blind und hemmen, wie ein Knebel im Munde, die (gerechten) Vorwürfe.

29 Verborgene Weisheit und ein vergrabener Schatz – was nützen sie beide?

30 Besser ein Mensch, der seine Torheit verbirgt, als ein Mensch, der seine Weisheit geheimhält. (Besser ist unermüdliche Ausdauer im Suchen des Herrn als ein herrenloser Fuhrmann des eigenen Lebens.)

21. Kapitel

Warnung vor der Sünde.
Unterschied zwischen dem Weisen und dem Toren.

1 Mein Sohn [mein Kind (14)], hast du gesündigt, so tu es nicht wieder, und wegen deiner früheren Sünden bitte um Vergebung.

2 Wie vor einer Schlange fliehe vor der Sünde; denn wenn du ihr nahe kommst, so beißt sie dich; Löwenzähne sind ihre Zähne, die die Menschen ums Leben bringen.

3 Wie ein zweischneidiges Schwert ist jegliches Unrecht; für die Wunde, die es schlägt, gibt's keine Heilung.

4 Gewalttätigkeit und Übermut verwüsten den Reichtum; ebenso wird das Haus des Übermütigen zerstört.

5 Das Gebot des Armen dringt aus seinem Munde bis zu den Ohren Gottes, dessen Strafgericht dann gar bald erfolgt.

6 Wer Zurechtweisung haßt, tritt in die Fußstapfen des Sünders; wer aber den Herrn fürchtet, nimmt sie zu Herzen.

7 Schon von weitem her kenntlich ist der Zungenheld; der Verständige aber erkennt es, sobald er einen Fehler macht.

8 Wer sein Haus mit fremdem Gelde baut, ist wie einer, der Steine zu seinem eigenen Grabhügel sammelt.

9 Ein Haufen Werg (15) ist die Rotte der Gottlosen, und ihr Ende ist die Feuerflamme.

10 Der Weg der Sünder ist mit Steinen gepflastert, aber an seinem Ende ist die Grube (oder Tiefe) der Unterwelt.

11 Wer das Gesetz beobachten will, bezähmt seine Gelüste, und die Vollendung der Gottesfurcht ist die Weisheit.

12 Wer nicht klug ist, nimmt keine Zucht an; es gibt aber auch eine Klugheit, die viel bitteren Verdruß schafft.

13 Die Erkenntnis des Weisen wächst an wie eine Wasserflut, und sein Ratschlag ist wie ein lebendiger Quell.

14 Das Innere des Toren ist wie eine

zusammengestürzte Zisterne und keine Erkenntnis hält er dauernd fest.

15 Wenn der Verständige ein weises Wort hört, so lobt er es und fügt noch ein neues hinzu; hört es dagegen der Leichtfertige, so mißfällt es ihm und er wirft es hinter seinen Rücken.

16 Das Gespräch eines Toren ist wie eine Bürde auf der Reise (oder Wanderung); aber auf den Lippen des Verständigen ist Annehmlichkeit zu finden.

17 Nach dem Munde des Einsichtigen trägt man Verlangen in der Versammlung, und seine Worte erwägt man im Herzen.

18 Wie ein Gefangenhaus, so ist dem Toren die Weisheit, und die Erkenntnis des Unverständigen besteht in unverständlichen Worten.

19 Wie Ketten an den Füßen ist für den Unverständigen die Zucht (oder die Unterweisung) und wie Handschellen am rechten Arm.

20 Der Tor läßt beim Lachen seine Stimme laut erschallen, aber ein kluger Mann lächelt kaum leise.

21 Wie Goldschmuck ist die Zucht (oder die Unterweisung) für den Klugen und wie eine Spange am rechten Arm.

22 Der Fuß des Toren stürmt in ein Haus hinein, aber ein welterfahrener Mann wartet draußen am Eingang.

23 Der Unverständige guckt schon von der Tür

aus ins Haus hinein, aber der gebildete Mann bleibt draußen stehen.

24 Es ist eine Ungezogenheit, an der Tür zu horchen; der Verständige fühlt sich dadurch mit Schimpf beladen.

25 Die Lippen der Toren ergehen sich in Unbesonnenheit, aber die Worte der Klugen sind mit der Wage abgewogen.

26 Im Munde der Toren ist ihr Herz, aber das Herz der Weisen ist ihr Mund.

27 Wenn der Gottlose den Satan verflucht, so verflucht er sich selbst.

28 Der Ohrenbläser macht sich selbst ehrlos und wird gehaßt, wo er auch weilt.

22. Kapitel

Über Faulheit, ungeratene Kinder, Unglück des Toren und Gottlosen und dem Umgang mit Freunden.

1 Einem beschmutzten Steine gleicht der Faule; ein jeder zischt über ihn wegen seiner ekelhaften Beschaffenheit.

2 Einem Mistklumpen gleicht der Faule; jeder, der ihn aufhebt, schüttelt die Hand ab.

3 Eine Schande für einen Vater ist der Besitz eines zuchtlosen Sohnes; eine (derartige) Tochter aber wird ihm zum Schaden geboren.

4 Eine kluge Tochter wird schon ihren Mann

bekommen, aber eine schandbare bringt Kummer über ihren Vater;

5 dem Vater und dem Manne schafft die Freche Schande und wird von beiden verachtet. –

6 Wie Musik in der Trauer ist eine unzeitige Unterhaltung, aber Züchtigungen und Zurechtweisungen sind zu jeder Zeit Weisheit.

7 Einen Toren belehren heißt Scherben zusammenleimen: er will einen Schlafenden aus tiefem Schlummer wecken.

8 Zu einem Schlummernden redet, wer zu einem Toren redet; der fragt am Schluß: 'Was ist denn los?' –

9 Um einen Toten weine, denn das Lebenslicht ist ihm ausgegangen; und über einen Toren weine, denn die Einsicht ist ihm ausgegangen. Mäßiger weine um einen Toten, denn er ist zur Ruhe gegangen; das schlechte Leben des Toren aber ist schlimmer als der Tod.

10 Die Trauer um einen Toten dauert sieben Tage, aber um einen Toren und Gottlosen, solange er lebt.

11 Mit einem Unverständigen laß dich nicht auf lange Unterredungen ein, und zu einem Einsichtslosen gehe nicht hin; nimm dich vor ihm in acht, damit du keinen Verdruß habest und du durch sein Gespei nicht besudelt werdest; meide ihn, so wirst du Ruhe finden und durch seinen Unverstand nicht in Verlegenheit geraten.

12 Was ist schwerer als Blei, und welch

anderen Namen kann es haben als 'Tor'?

13 Sand, Salz und Eisenklumpen sind leichter zu tragen als ein unverständiger Mensch.

14 Ein Gefüge von Balken, das zu einem Hausbau verbunden ist, wird durch keine Erschütterung auseinandergerissen; ebenso wird ein Herz, das durch wohlerwogene Überzeugung gefestigt ist, zu keiner Zeit verzagt sein.

15 Ein Herz, auf vernünftige Überlegung festgegründet, ist wie sandige Tünche an geglätteter Mauer.

16 Pfahlwerk, auf einer Anhöhe befindlich, hält dem Winde gegenüber nicht stand; ebenso hält ein furchtsames Herz bei törichter Überlegung keinem Schrecken gegenüber stand.

17 Ein Schlag auf das Auge bringt Tränen hervor, und ein Schlag auf das Herz verursacht Schmerzgefühl.

18 Wer einen Stein nach Vögeln wirft, verscheucht sie, und wer seinen Freund beschimpft, löst die Freundschaft auf.

19 Hast du gegen deinen Freund das Schwert gezogen, so gib die Hoffnung nicht auf, denn es ist da eine Umkehr möglich;

20 und hast du den Mund gegen deinen Freund aufgetan, so sei ohne Sorgen, denn es ist da noch eine Versöhnung möglich; jedoch bei Schmähungen und Hochmut, bei Verrat von Geheimnissen und hinterlistiger Nachrede: – bei

solchen Vorkommnissen macht sich jeder Freund davon.

21 Beweise deinem Freunde gegenüber Treue, wenn er in Armut lebt, damit du auch Freude erlebest, wenn es ihm wieder wohlgeht; zur Zeit der Not harre bei ihm aus, damit, wenn er wieder zu Wohlstand kommt, du Anteil daran erlangest.

22 Vor dem Feuer sind Ofendampf und Rauch da; ebenso vor dem Blutvergießen Schimpfworte.

23 Den Freund zu beschützen schäme ich mich nicht, und ich werde mich vor ihm nicht verstecken;

24 und wenn mir Unglück seinetwegen widerfährt, so wird jeder, der davon hört, sich vor ihm hüten.

25 Stellte man mir doch eine Wache vor meinen Mund und legte man doch an meine Lippen ein geschickt angefertigtes Siegel, damit ich durch sie nicht zu Fall komme und meine Zunge mich nicht zugrunde richte!

23. Kapitel

Bitte um Bewahrung vor bösen Worten, Gedanken und Gottlosigkeit

1 O Herr, mein Vater und Gebieter meines Lebens, überlaß mich nicht dem Belieben

meiner Lippen und laß mich nicht durch sie zu Fall kommen!

2 Möchte doch jemand eine Geißel für meine Gedanken bestellen und für mein Herz einen Stecken zur Züchtigung, damit sie bei meinen Verfehlungen keine Schonung übten und keine Sünden von mir zu Tage träten!

3 auf daß meine Verfehlungen sich nicht noch mehren und meine Sünden noch zahlreicher werden und ich angesichts meiner Widersacher zu Fall komme und mein Feind Schadenfreude über mich empfinde.

4 O Herr, mein Vater und du Gott meines Lebens, gib mich nicht dahin in ihr Belieben!

5 Hoffart der Augen gib mir nicht und laß böse Lust fern von mir bleiben!

6 Gier des Bauches und Wollust mögen mich nicht erfassen, und der Schamlosigkeit laß mich nicht anheimfallen!

7 Auf die Zucht des Mundes laßt euch hinweisen, ihr Kinder! wer sie übt, wird nicht ins Verderben geraten. [Liebe Kinder, lernt den Mund halten; denn wer ihn hält, der wird sich mit seinen Worten nicht verfangen. (16)]

8 Durch feine Lippen wird der Sünder ins Unglück gebracht und der Schmähsüchtige und der Stolze kommen durch sie zu Fall.

9 Ans Schwören gewöhne deinen Mund nicht, und mache es dir nicht zur Gewohnheit, den Namen des Heiligen auszusprechen.

10 Denn wie ein Sklave, der beständig verhört wird, von den Striemen nicht loskommt, so kann auch, wer immerfort schwört und den heiligen Namen ausspricht, von Sünden nicht rein bleiben.

11 Ein Mensch, der viel schwört, beladet sich mit Schuld, und die Zuchtrute weicht nicht von seinem Hause; hat er sich vergangen, so liegt die Sünde auf ihm, und läßt er es unbeachtet, so versündigt er sich doppelt; und wenn er unnötig (oder falsch) schwört, wird er nicht gerechtfertigt dastehen, sondern sein Haus wird Heimsuchungen in Fülle erfahren.

12 Es gibt noch eine andere Redeweise, die dem Tode gleichkommt: möge sie nicht gefunden werden im Erbteil Jakobs! Denn von den Frommen bleiben alle diese Vergehen fern, und sie lassen sich nicht in solche Sünden verstricken.

13 An schmutzige Ungezogenheit darfst du deinen Mund nicht gewöhnen, denn dabei gibt es Worte der Sünde.

14 Denke an deinen Vater und deine Mutter, wenn du inmitten der Vornehmen verkehrst; vergiß sie ja nicht in der Gesellschaft jener und erweise dich nicht als Toren durch deine Gewohnheiten, so daß du gar wünschen müßtest, nicht geboren zu sein, und den Tag deiner Geburt verfluchst.

15 Ein Mensch, der sich an schandbare Reden

gewöhnt hat, bleibt sein ganzes Leben hindurch ungebildet.

16 Zwei Arten von Menschen häufen die Sünden, und die dritte zieht sich Gottes Zorn zu: die heiße Begier ist wie ein loderndes Feuer und erlischt nicht, bis sie sich völlig verzehrt hat. Ein Mensch, der mit seinem eigenen Leibe Unzucht treibt, hört nicht eher auf, als bis das Feuer ausgebrannt ist;

17 einem hurerischen Menschen mundet jedes Brot: er hört nicht eher auf, als bis er tot ist.

18 Ein Mensch, der von seinem Lager weitergeht, sagt bei sich selbst: 'Wer sieht mich? Dunkel umhüllt mich, und die Wände verbergen mich, und niemand sieht mich: was sollte ich mich scheuen? Meiner Sünden wird der Höchste nicht gedenken'.

19 Ja, nur die Augen der Menschen sind es, vor denen er sich fürchtet, und er weiß nicht, daß die Augen des Herrn tausendmal heller sind als die Sonne, daß sie auf alle Wege der Menschen blicken und in die verborgensten Winkel hineinschauen.

20 Alle Dinge sind ihm bekannt gewesen, ehe sie geschaffen wurden, und ebenso ist es, nachdem sie vollendet sind.

21 Ein solcher Mensch wird in den Straßen der Stadt seine Strafe erleiden, und wo er's nicht vermutet, wird man ihn ergreifen.

22 Ebenso ergeht es einer Frau, die ihren Mann

verlassen hat und von einem andern einen Erben zur Welt bringt.

23 Denn erstens ist sie dem Gesetz des Herrn ungehorsam gewesen, und zweitens hat sie sich gegen ihren Gatten verfehlt und drittens hurerischen Ehebruch verübt und von einem fremden Manne Kinder zur Welt gebracht.

24 Ein solches Weib wird vor die Gemeindeversammlung geführt werden, und auch über ihre Kinder wird Heimsuchung kommen:

25 nicht werden ihre Kinder Wurzel schlagen und ihre Zweige keine Frucht bringen.

26 Sie wird ihr Gedächtnis zum Fluch hinterlassen, und ihre Schande wird nie ausgetilgt werden.

27 Da werden dann die sie Überlebenden erkennen, daß nichts besser ist als Gottesfurcht und nichts süßer als die Beobachtung der Gebote des Herrn.

III. Dritter Teil:
Die Weisheit und das Gesetz

24. Kapitel

Das Hohelied der Weisheit

1 Die Weisheit lobt sich selbst und rühmt sich inmitten ihres Volkes;
2 in der Gemeinde des Höchsten tut sie ihren Mund auf und rühmt sich vor seiner Heerschar:
3 'Ich bin aus dem Munde des Höchsten hervorgegangen und habe wie ein Nebel die Erde bedeckt;
4 ich nahm meinen Wohnsitz in der Höhe, und mein Thron ruhte auf einer Wolkensäule.
5 Das Himmelsgewölbe umwandelte ich allein und ging in der Tiefe der Fluten einher;
6 in den Wogen des Meeres und auf der ganzen Erde, in jedem Volk und jedem Stamm habe ich mich betätigt.
7 Bei diesen allen suchte ich eine Heimstätte und in wessen Erbteil ich weilen könnte.
8 Da gebot mir der Schöpfer des Weltalls, und er, der mich geschaffen, wies mir eine feste Wohnung an mit den Worten: 'In Jakob nimm

deinen Wohnsitz und in Israel sollst du deinen Erbbesitz erhalten!'

9 Vor aller Zeit, im Anfang, hat er mich geschaffen, und bis in Ewigkeit werde ich kein Ende nehmen.

10 In der heiligen Hütte habe ich den Dienst vor ihm versehen und ebenso in Zion einen festen Sitz erhalten;

11 in der geliebten Stadt hat er mir gleichermaßen einen Sitz verliehen, und in Jerusalem war (oder ist) mein Machtbereich.

12 Und ich schlug Wurzel in dem gepriesenen Volk, im Erbteil des Herrn, seinem Eigentumsvolk.

13 Wie eine Zeder auf dem Libanon wuchs ich empor und wie eine Zypresse auf den Bergen des Hermon;

14 wie eine Palme in Engeddi wuchs ich empor und wie Rosenstöcke zu Jericho, wie ein prangender Ölbaum in der Ebene, und wie eine Platane (am Wasser) wuchs ich empor.

15 Wie Zimt und Gewürzstrauch hauchte ich Wohlgeruch aus, und wie eine köstliche Myrrhe verbreitete ich Duft, wie Galbanum, Räucherklaue und Stakte und wie Weihrauchdampf in der Stiftshütte.

16 Ich breitete wie eine Terebinthe meine Zweige aus, und meine Zweige waren voller Pracht und Lieblichkeit;

17 ich war wie ein herrlich sprossender

Weinstock, und meine Blüten brachten prächtige und reiche Frucht.

18 Kommt her zu mir, die ihr Verlangen nach mir tragt, und sättigt euch an meinen Früchten!

19 denn schon der Gedanke an mich geht über süßen Honig, und mich zu besitzen ist süßer als Honigseim.

20 Die von mir essen, empfinden immer neuen Hunger (nach mir), und die von mir trinken, dürsten immer weiter (nach mir).

21 Wer auf mich hört, wird sich nie zu schämen brauchen, und wer in meinem Dienste sich betätigt, wird nicht sündigen'.

22 Dies alles gilt vom Bundesbuch Gottes des Höchsten, vom Gesetz, das Mose uns verordnet hat als Besitztum für die Gemeinden Jakobs,

23 das Gesetz, das da Weisheit in Fülle besitzt wie der Pison und wie der Tigris in den Tagen der Erstlingsfrüchte;

24 das da flutet wie der Euphrat von Einsicht und wie der Jordan in den Tagen der Ernte;

25 das da Belehrung hervorströmen läßt wie der Nil und wie der Gihon in den Tagen der Weinlese.

26 Der erste ist mit der Erforschung seiner Weisheit nicht ans Ende gelangt, und ebenso wird der letzte sie nicht ergründen;

27 denn reichhaltiger als das Meer sind ihre Gedanken, und ihre Einsicht ist tiefer als die große Urflut.

28 Ich aber – wie ein Kanal von einem Flusse ausgeht und wie eine Wasserleitung in einen Lustgarten ausläuft –,

29 ich dachte: 'Ich will meinen Garten bewässern und meine Beete tränken'; aber siehe da: mein Kanal wurde mir zu einem Strom, und mein Strom wurde mir zu einem Meer.

30 So will ich denn auch fernerhin Belehrung leuchten lassen wie die Morgenröte und sie kundtun bis in weite Ferne;

31 auch fernerhin will ich Belehrung wie Prophetenworte ausströmen und sie den spätesten Geschlechtern hinterlassen.

32 Ihr sollt sehen, daß ich nicht für mich allein gearbeitet habe, sondern für alle, die nach der Weisheit Verlangen tragen.

25. Kapitel

Lob der Eintracht, der Weisheit, besonders im Alter, und der Gottesfurcht.

1 An drei Dingen habe ich Gefallen, und sie sind lieblich vor Gott und den Menschen: Eintracht unter Brüdern und Liebe unter Freunden und daß sich Ehefrau und Mann ineinander schicken.

2 Drei Arten von Leuten dagegen haßt meine Seele, und ich bedaure schmerzlich, daß sie leben: der hoffärtige Arme und der lügenhafte

Reiche und der ehebrecherische Greis, dem es an Verstand gebricht.

3 Hast du in der Jugend nicht eingesammelt, wie kannst du da in deinem Alter etwas vorfinden?

4 Wie schön steht einem grauen Haupte richtiges Urteil an und den Alten, daß sie guten Rat wissen!

5 Wie schön steht die Weisheit den Greisen an, und angesehenen Männern Überlegung und Rat!

6 Die Krone der Greise ist reiche Erfahrung, und ihren Ruhm bildet die Gottesfurcht.

7 Neun Dinge, die mir in den Sinn kommen, preise ich in meinem Herzen, und ein zehntes will ich mit meiner Zunge rühmend hervorheben: glücklich ein Mann, der Freude an seinen Kindern erlebt, und wer bei seinen Lebzeiten den Sturz seiner Feinde zu schauen bekommt.

8 Glücklich, wer mit einer verständigen Frau verheiratet ist, und wer sich mit seiner Zunge nicht verfehlt, und wer nicht einem unwürdigen Herrn dienen muß!

9 Glücklich, wer sich Klugheit angeeignet hat und wer sie willigen Zuhörern vortragen kann!

10 Wie groß steht der da, welcher Weisheit erlangt hat! aber keiner steht größer da als der Gottesfürchtige.

11 Die Gottesfurcht geht über alles; wer sie festhält, wem könnte der gleichgestellt werden? (Die Furcht des Herrn ist der Anfang der Liebe

zu ihm, die Treue aber der Anfang der engen Zugehörigkeit zu ihm.) [Die Furcht des Herrn ist der Anfang der Liebe zu Gott, der Glaube aber ist der Anfang des Weges mit ihm. (17)]

12 Jede Wunde, nur keine Herzenswunde, und jede Bosheit, nur keine Weiberbosheit!

13 Jede Heimsuchung, nur keine Heimsuchung durch Hasser, und jede Rache, nur keine Rache von Feinden!

14 Kein Gift ist schlimmer als Schlangengift, und keine Wut ist heftiger als Feindeswut (oder Weiberwut?).

[Es ist kein Leiden so groß wie Herzeleid. Es ist keine Bosheit so schlimm wie Frauenbosheit. Es ist keine Heimsuchung so schwer wie die Heimsuchung durch Menschen, die hassen. Es ist keine Rachgier so maßlos wie Rachgier von Feinden. Es ist kein Gift so stark wie Schlangengift und ist kein Zorn so bitter wie Feindeszorn. (18)]

Von der bösen Frau

15 Lieber will ich mit einem Löwen und Drachen zusammenleben als mit einem boshaften Weibe in einem Hause wohnen.

16 Die Bosheit eines Weibes entstellt ihr Aussehen und macht ihr Gesicht finster wie das eines Bären.

17 Im Kreise seiner Freunde setzt sich ihr Mann

zu Tisch, und wenn er sie hat reden hören, seufzt er bitterlich.

18 Gering ist jede Schlechtigkeit im Vergleich mit der eines Weibes; das Los des Sünders treffe sie!

19 Wie ein sandiger Aufstieg für die Füße eines Alten, so ist ein zungenfertiges Weib für einen ruhigen Mann.

20 Falle nicht herein auf die Schönheit einer Frau und trage kein Verlangen nach dem Vermögen, das sie hat:

21 schimpfliche Knechtschaft und große Schande gibt es, wenn eine Frau ihren Mann unterhält.

22 Ein niedergeschlagenes Herz und ein finsteres Antlitz und Herzweh bringt ein böses Weib zustande; schlaffe Hände und schlotternde Knie schafft ein Weib, das den Ehemann nicht glücklich macht.

23 Von einem Weibe ist der Anfang der Sünde gekommen, und um ihretwillen müssen wir alle sterben.

24 Überlaß dem Wasser keinen Abfluß und einem boshaften Weibe nicht die Herrschaft;

25 wenn sie nicht Hand in Hand mit dir geht, so schneide sie dir vom Leibe ab.

26. Kapitel

Lob des guten Weibes, Tadel des bösen

1 Glücklich zu preisen ist der Mann einer guten Frau, und die Zahl seiner Lebenstage verdoppelt sich.
2 Eine tüchtige Frau ist die Freude ihres Mannes (oder hegt ihren Mann?), und er erreicht die Vollzahl seiner Jahre in Frieden.
3 Eine gute Frau ist ein gutes Los; als Glückslos wird sie den Gottesfürchtigen beschieden.
4 Ob reich oder arm, sein Herz ist guter Dinge und sein Angesicht zu jeder Zeit heiter.
5 Vor drei Dingen scheut sich mein Herz, und vor dem vierten fürchte ich mich sehr: Stadtgeklatsch und Zusammenrottung des Volkes und Verleumdung, das alles ist widerwärtiger als der Tod.
6 Herzeleid und Kummer verursacht eine Frau, die auf eine andere eifersüchtig ist, und eine Zungengeißel für alle, denen sie Mitteilungen macht.
7 Wie ein Ochsengespann, das hin und her zerrt, ist eine böse Frau; wer sie nimmt, gleicht einem, der einen Skorpion anfaßt.
8 Großen Zorn erregt ein trunksüchtiges Weib; ihre Schamlosigkeit kann sie nicht verbergen.
9 Daß ein Weib Unzucht treibt, erkennt man am Aufschlag ihrer Augen und an ihren Augenwimpern.

10 Über eine zuchtlose Tochter halte strenge Wacht, damit sie nicht, wenn sie ein Nachlassen bemerkt, es sich zunutze mache;

11 ihrem schamlosen Auge gehe sorgfältig nach und wundere dich nicht, wenn sie sich gegen dich vergeht.

12 Wie ein durstiger Wanderer den Mund aufsperrt, und von jedem Wasser trinkt, auf das er stößt, so setzt sie sich vor jedem Pfahle nieder und öffnet ihren Köcher vor dem Pfeile.

13 Die Anmut der Frau ergötzt ihren Gatten, und ihre Klugheit macht seine Glieder kräftig.

14 Eine Gabe des Herrn ist ein schweigsames Weib, und unbezahlbar ist eine wohlerzogene Seele.

15 Anmut über Anmut ist eine keusche Frau, und mit nichts aufzuwägen ist eine züchtige Seele.

16 Wie die Sonne, die da aufgeht am hohen Gotteshimmel, so ist die Schönheit einer guten Frau ein Schmuck seines Hauses (oder im wohlgeordneten Hauswesen ihres Mannes?).

17 Wie die Lampe hell strahlt auf dem heiligen Leuchter, so die Schönheit ihres Angesichts auf hoher Gestalt.

18 Wie goldene Säulen auf silbernem Untersatz, so sind schöne Füße auf wohlgeformten Fersen (oder Sohlen). 1 Mein Sohn, bewahre dir die Blüte deiner Jugend gesund und gib nicht Fremden deine Kraft hin. 2 Suche dir aus der ganzen Feldmark ein fruchtbares Feld zum

Besitz aus und säe deinen eigenen Samen aus, im Vertrauen auf deine edle Abkunft; so werden deine Sprößlinge am Leben bleiben (oder um dich sein?) und im Besitz des Freimuts edler Abkunft groß wachsen. 3 Eine feile Dirne wird dem Speichel gleich geachtet, eine Ehefrau aber gilt für die, welche sich mit ihr einlassen, als ein todbringender Turm. 4 Ein gottloses Weib wird dem Gesetzlosen als Anteil zugeteilt, ein frommes Weib dagegen dem Gottesfürchtigen. 5 Ein schamloses Weib macht sich nichts aus der Schande, aber eine schamhafte Tochter (oder Frau?) wird sich sogar vor ihrem Manne schämen. 6 Ein stets lüsternes Weib wird wie ein Hund geachtet, die schamhafte aber fürchtet den Herrn. 7 Ein Weib, das ihren Ehemann in Ehren hält, erscheint allen als weise; wenn sie ihn aber mißachtet, wird sie bei ihrem Hochmut allen als gottlos gelten. 8 Der Mann eines guten Weibes ist glücklich zu preisen, denn die Zahl seiner Lebensjahre verdoppelt sich. 9 Ein kreischendes und zungenfertiges Weib erscheint wie eine Kriegstrompete, welche die Feinde in die Flucht treibt; bei jedem Manne aber wir die Seele, die darin gleichgeartet ist, sich auf ein unruhiges Kriegstreiben gefaßt machen müssen.

Das Bedauerliche des Rückgangs mancher Menschen

19 Über zwei Dinge ist mein Herz betrübt, und beim dritten überkommt mich der Zorn: ein

Kriegsmann, der verarmt ist und Mangel leidet [wenn man einen tüchtigen Mann schließlich Armut leiden lässt (19)] und wenn einsichtsvolle Männer für nichts geachtet werden; wenn sich aber jemand von der Gerechtigkeit zur Sünde hinwendet, den hält der Herr fürs Schwert bereit.

*Gefahren des Handels
und des Strebens nach Reichtum*

20 Nur mit Mühe wird ein Kaufmann vor Verfehlungen bewahrt bleiben und ein Krämer sich frei von Schuld erhalten.

27. Kapitel

1 Um schnöden Geldes willen sündigen viele, und wer reich werden will, wendet das Auge (vom Rechten) ab.
2 Wie zwischen Steinfugen ein Pflock fest eingetrieben wird, so drängt sich die Sünde zwischen Kauf und Verkauf ein.
3 Wenn jemand nicht mit Eifer an der Gottesfurcht festhält, wird sein Haus gar bald zerstört werden.

*Die wahre Beschaffenheit der Menschen
ist aus ihrer Redeweise
und aus dem Erfolg ihres Tuns zu erkennen*

4 Beim Schütteln des Siebes bleibt der grobe Unrat zurück, ebenso die Unlauterkeit des Menschen in seiner Gesinnung.

5 Die Töpfergefäße muß der Ofen prüfen, und die Erprobung eines Menschen erfolgt durch die Unterredung mit ihm.

6 Die Art eines Baumes erweist seine Frucht, ebenso auch die Vornahme einer Unterredung die ganze Denkweise eines Menschen.

7 Lobe also niemand, ehe du dich mit ihm besprochen hast; denn dadurch erfolgt die Erprobung der Menschen.

8 Wenn du nach der Gerechtigkeit trachtest, wirst du sie erlangen und sie dir anlegen wie ein Prachtgewand.

9 Wie die Vögel sich zu ihresgleichen gesellen, so wird auch die Wahrheit zu denen kommen, die sie üben.

10 Wie der Löwe seiner Beute auflauert, so die Sünde denen, die Unrecht tun.

11 Die Rede eines Frommen ist allezeit Weisheit, der Tor aber ist veränderlich wie der Mond.

12 Um inmitten der Unverständigen zu weilen, nimm die richtige Zeit wahr, aber im Kreise der Verständigen weile beständig.

13 Das Gespräch der Toren ist gräuelhaft, und ihr Lachen erfolgt bei sündhafter Ausgelassenheit.

14 Das Geschwätz des viel Schwörenden macht

die Haare sich sträuben, und vor ihrem Gezänk hält man sich die Ohren zu.

15 Zu Blutvergießen führt der Streit der Übermütigen und ihre Schmähreden sind widerwärtig anzuhören.

Sprüche über verschiedene Arten von Fehlern und Sünden. Über Verrat von Geheimnissen.

16 Wer Geheimnisse verrät, bricht die Treue und findet keinen Freund mehr nach seinem Herzen.

17 Liebe deinen Freund und laß dich von ihm als treu erfinden; hast du aber seine Geheimnisse verraten, so laufe ihm nicht mehr nach.

18 Denn wie jemand seinen Feind zugrunde richtet, ebenso hast du die Freundschaft mit dem anderen zugrunde gerichtet;

19 und wie du einen Vogel aus der Hand hast fliegen lassen, ebenso hast du deinen Freund fahren lassen und wirst ihn nicht wieder einfangen.

20 Jage ihm nicht mehr nach, denn er hält sich fern und ist entflohen wie eine Gazelle aus dem Netz.

21 Denn eine Wunde läßt sich verbinden, und für Scheltworte gibt's Versöhnung; wer aber Geheimnisse verraten hat, für den gibt's nichts mehr zu hoffen.

Warnung vor Falschheit

22 Wer mit den Augen zwinkert, hat Böses im Sinn, und der Kluge hält sich fern von ihm.
23 Dir ins Angesicht läßt er seinen Mund angenehm reden und äußert Bewunderung über deine Worte; nachher aber ändert er seine Rede und dichtet dir anstößige Äußerungen an.
24 Vieles hasse ich, jedoch nichts so sehr wie ihn, und auch der Herr haßt ihn.

Über Hinterlist und Schadenfreude

25 Wer einen Stein in die Höhe wirft, wirft ihn sich selbst auf den Kopf, und ein hinterlistiger Schlag versetzt beiden Teilen Wunden.
26 Wer eine Grube gräbt, fällt selbst hinein, und wer eine Schlinge legt, wird in ihr gefangen.
27 Wer Böses anstiftet: auf ihn selbst fällt es zurück, ohne daß er weiß, woher es ihm kommt.
28 Höhnen und Spotten geht von den Übermütigen aus, aber die Rache (oder Strafe) lauert auf sie wie ein Löwe.
29 In der Schlinge werden die gefangen, welche sich über den Fall der Frommen freuen, und der Schmerz verzehrt sie, ehe sie sonst hätten sterben müssen.

Warnung vor Groll und Rachsucht;
Empfehlung der Vergebung

30 Groll und Zorn, auch diese sind gräuelhaft, und nur ein sündiger Mensch hält an ihnen fest.

28. Kapitel

1 Wer sich rächt, wird Rache vom Herrn erleiden, der ihm seine Sünden sicher vorbehalten wird.

2 Vergib deinem Nächsten sein Unrecht, dann werden, wenn du darum bittest, auch dir die Sünden vergeben werden.

3 Ein Mensch hält den Zorn gegen einen andern fest und will doch Heilung vom Herrn fordern?!

4 Mit einem Menschen seinesgleichen hat er kein Erbarmen und bittet doch für seine eigenen Sünden um Nachsicht?!

5 Er selbst, der doch Fleisch ist, hält den Groll fest: wer wird ihm da seine Sünden vergeben?

6 Denke an das Ende, und laß ab von der Feindschaft, denke an Verwesung und Tod und bleibe den Geboten treu;

7 denke an die Gebote und grolle dem Nächsten nicht; denke an den Bund mit dem Höchsten und vergib die Verfehlung!

Warnung vor Zank und Streitsucht

8 Halte dich fern von Streit, so wirst du weniger sündigen, denn ein zornmütiger Mensch facht

Streit an,

9 und ein böser Mann entzweit Freunde und stiftet Zerwürfnis unter Friedfertigen an.

10 Ein Feuer brennt, jenachdem es Brennstoff hat, ebenso wird auch ein Streit entbrennen, jenachdem geschürt wird; je größer die Macht eines Menschen ist, desto stärker ist sein Groll, und je reicher er ist, desto höher läßt er seinen Zorn aufsteigen.

11 Übereilter Zwist (?) facht ein Feuer an, und ein übereilter Streit führt zu Blutvergießen.

12 Wenn du einen Funken anbläst, so flammt er auf, und wenn du auf ihn speist, erlischt er, und beides kommt doch aus deinem Munde.

Warnung vor Ohrenbläserei und Verleumdung

13 Den Ohrenbläser und den Doppelzüngigen verfluche, denn viele friedliebende Leute haben sie ins Verderben gebracht.

14 Eine verleumderische Zunge hat viele gestürzt und sie von Volk zu Volk getrieben, auch feste Städte zerstört und die Paläste von Machthabern niedergerissen.

15 Eine verleumderische Zunge hat treffliche Frauen aus ihren Häusern gestoßen und sie des Ertrags ihrer Arbeit beraubt.

16 Wer auf sie hört, findet keine Ruhe und kann nicht in Frieden wohnen.

17 Der Schlag der Geißel bringt Striemen

hervor, aber der Schlag der Zunge zerschmettert die Gebeine.

18 Viele sind durch die Schneide des Schwertes gefallen, aber nicht so viele, wie durch die Zunge gefallen sind.

19 Wohl dem, der vor ihr geborgen bleibt und ihre Wut nicht an sich erfährt, der nicht an ihrem Joche zieht und mit ihren Banden nicht gefesselt wird!

20 denn ihr Joch ist ein eisernes Joch, und ihre Fesseln sind eherne Fesseln.

21 Der Tod durch sie ist ein schrecklicher Tod, und besser ist die Unterwelt als sie.

22 Über die Frommen hat sie keine Gewalt, und von ihrer Feuerflamme werden sie nicht versengt;

23 aber die den Herrn verlassen, fallen in sie hinein; an ihnen brennt sie, ohne zu erlöschen; sie wird auf sie losgelassen wie ein Löwe und wütet unter ihnen wie ein Panther.

24 Wohlan! umzäune dein Grundstück mit Dornen und lege dein Silber und Gold unter Verschluß;

25 aber auch für deine Worte bringe Waage und Gewichte in Anwendung und bringe auch an deinem Munde Tür und Riegel an.

26 Gib acht, daß du durch sie dich nicht verfehlest und zu Falle kommest vor den Augen dessen, der darauf lauert.

29. Kapitel

*Vom Leihen, Bürgschaft leisten
und vom Glück dessen,
der nicht auf fremde Unterstützung angewiesen ist*

1 Wer Barmherzigkeit übt, leiht seinem Nächsten, und wer ihn mit seinen Mitteln unterstützt, beobachtet die Gebote.

2 Leihe dem Nächsten, wenn er in Not ist, und gibt du es deinem Nächsten zu rechter Zeit zurück.

3 Halte an deiner Zusage fest und beweise dich ihm als zuverlässig, so wirst du allezeit zur Verfügung haben, was du bedarfst.

4 Viele betrachten ein Darlehen als einen guten Fund und machen denen Verdruß, die ihnen geholfen haben;

5 bis er's erhält, küßt er ihm die Hände und redet gar demütig um des Nächsten Geld; aber zur Zeit der Rückzahlung zieht er die Frist hin, gibt kummervolle Reden zur Antwort und klagt über schlechte Zeiten.

6 Wenn er zahlen kann, bringt er kaum die Hälfte wieder und rechnet es jenem noch als glücklichen Fund an; wenn aber nicht, so bringt er ihn um sein Geld und gewinnt obendrein an ihm einen Feind; mit Flüchen und Schimpfworten vergilt er ihm und zahlt ihm Schmach statt rühmlicher Anerkennung zurück.

7 So halten sich denn viele wegen solcher

Schlechtigkeit zurück, sie fürchten ohne ihre Schuld Verluste zu erleiden.

8 Trotzdem habe mit dem Notleidenden Geduld und laß ihn nicht lange auf deine Mildtätigkeit warten;

9 um des Gebotes willen nimm dich des Armen an und laß ihn wegen seiner Bedürftigkeit nicht mit leeren Händen von dir gehen.

10 Verliere immerhin dein Geld um eines Bruders oder Freundes willen und laß es nicht unter dem Steine rosten, so daß es wertlos wird.

11 Lege dir einen Schatz an nach den Geboten des Höchsten, der wird dir mehr Gewinn bringen als das Gold.

12 Verschließe die Mittel zu Almosen in deinen Vorratskammern, das wird dich aus aller Bedrängnis erretten;

13 besser als ein starker Schild und ein wuchtiger Speer wird es gegen den Feind für dich kämpfen.

14 Ein braver Mann leistet Bürgschaft für seinen Nächsten, nur wer die Scham verloren hat, läßt ihn im Stich.

15 Den Liebesdienst eines Bürgen vergiß nicht; er hat sich ja selbst für dich geopfert.

16 Nur ein verworfener Mensch bringt den Bürgen um sein Vermögen, und nur ein durch und durch Undankbarer läßt den im Stich, der ihn gerettet hat.

17 Bürgschaft hat viele Wohlhabende zugrunde

gerichtet und sie hin- und hergeschleudert wie die Meereswogen;

18 vermögende Männer hat sie von Haus und Hof getrieben, so daß sie unter fremden Völkern umherirren mußten.

19 Ein schlechter Mensch, der sich in Bürgschaft stürzt und ungerechtem Gewinn nachjagt, verfällt dem Gericht.

20 Nimm dich des Nächsten nach deinem Vermögen an, aber sieh dich vor, daß du dabei nicht selbst hineinfällst.

21 Die wichtigsten Lebensbedürfnisse sind Wasser und Brot, dazu Kleidung und Wohnung, um die Blöße zu bedecken.

22 Besser das Leben des Armen unter dem Bretterdach als köstliche Leckerbissen in fremden Häusern.

23 Bei kleinem und bei großem Besitz laß dir genügen, so wirst du nicht die Schmähung zu hören bekommen, daß du ein Fremder seist.

24 Ein schlimmes Leben ist's, von Haus zu Haus zu ziehen; und wo du fremd bist, darfst du den Mund nicht auftun.

25 Du wirst ihnen zu essen und zu trinken geben, ohne Dank zu ernten, und wirst zu alledem noch bittere Worte zu hören bekommen:

26 'Komm her, Fremdling, decke den Tisch, und wenn du etwas hast, so gib mir zu essen!'

27 'Zieh ab, Fremdling, mache dem

Höherstehenden Platz! Mein Bruder ist als Gast bei mir eingekehrt: ich brauche das Haus'.

28 Hart ist solches für einen verständigen Mann: das Schelten des Hausherrn und das Schimpfen des Gläubigers.

30. Kapitel

Mahnung zu strenger Kinderzucht

1 Wer seinen Sohn lieb hat, läßt ihn immerdar die Rute fühlen, damit er zuletzt Freude an ihm erlebe.

2 Wer seinen Sohn in Zucht hält, wird Freude an ihm haben und inmitten der Bekannten sich seiner rühmen können.

3 Wer seinem Sohn Belehrung erteilt, macht seinen Feind eifersüchtig und kann vor seinen Freunden über ihn frohlocken.

4 Stirbt sein Vater, so ist's, als wäre er nicht gestorben, denn einen ihm Ähnlichen läßt er zurück;

5 solange er lebt, sieht er ihn mit Freuden an und bei seinem Tode tritt keine bange Sorge ein.

6 Den Feinden gegenüber hinterläßt er einen Rächer und seinen Freunden einen, der ihre Liebe vergilt.

7 Wer seinen Sohn verzärtelt, verbindet ihm die Wunden, und bei jedem Schrei gerät sein Herz in Angst.

8 Wie ein ungebändigtes Pferd störrisch wird, so wird ein Sohn, dem man die Zügel schießen läßt, widerspenstig.

9 Herze deinen Sohn, so wird er dich in Schrecken setzen, scherze mit ihm, so wird er dir Kummer bereiten.

10 Lache nicht mit ihm, damit du später nicht Schmerzen mit ihm zu leiden brauchst und schließlich mit den Zähnen knirschen mußt.

11 Gewähre ihm keine Freiheit in seiner Jugend und laß seine Verfehlungen nicht unbeachtet;

12 beuge ihm den Nacken in seiner Jugendzeit und bleue ihm den Rücken, solange er noch klein ist, damit er nicht störrisch und dir ungehorsam werde und dir Seelenkummer erwachse.

13 Halte deinen Sohn in Zucht und mache dir mit ihm zu schaffen, damit du nicht durch seine Torheit Kummer erlebst.

Vom Wert der Gesundheit

14 Besser ein Armer, der gesund und von kräftiger Leibesbeschaffenheit ist, als ein Reicher, dessen Körper mit Krankheit behaftet ist.

15 Gesundheit und Wohlbefinden ist besser als alles Gold, und ein kräftiger Leib besser als unermeßliches Vermögen.

16 Kein Reichtum ist besser als leibliche

Gesundheit, und kein Gut geht über volles Wohlbehagen.

17 Besser ist der Tod als ein qualvolles Leben und besser ewige Ruhe als immerwährende Krankheit.

18 Leckerbissen, einem verschlossenen Munde reichlich dargeboten, sind wie kostbare Speisen, die man auf ein Grab gestellt hat.

19 Was nützt das Opfer einem Götzenbilde? Es kann ja weder essen noch riechen.

20 So ist es auch mit dem, der vom Herrn heimgesucht, d.h. mit Geld und Gut gesegnet wird: er sieht's mit den Augen und seufzt gleichwie ein Entmannter, der eine Jungfrau umarmt und seufzt.

Vom Trübsinn

21 Gib dich nicht dem Trübsinn hin und plage dich nicht mit sorgenvollen Gedanken.

22 Frohsinn im Herzen ist Leben für den Menschen, und die fröhliche Stimmung eines Mannes verlängert seine Lebenstage.

23 Rede deiner Seele zu und sprich deinem Herzen Mut ein und halte Trübsinn fern von dir; denn schon viele hat die Traurigkeit ums Leben gebracht, und es wohnt kein Nutzen in ihr.

24 Neid und Zorn verkürzen die Tage, und Sorgen führen das Greisenalter vor der Zeit herbei.

25 Ein heiteres und fröhliches Herz wird sich

bei Leckerbissen an die ihm zusagenden Speisen halten.

[Einem fröhlichen Menschen schmeckt alles wohl, was er ißt. (20)

Ein Herz, das heiter und beim Mahl fröhlich ist, sorgt für gutes Essen. (21)

Ein fröhlicher und heiterer Mensch achtet auf seine Speisen. (22)]

31. Kapitel

Warnung vor übermäßiger Sorge ums Geld

1 Die Schlaflosigkeit des Reichen macht sein Fleisch schwinden, und seine Sorgen verscheuchen den Schlaf.

2 Sorgenvolles Wachen hält den Schlummer fern und macht wie eine schwere Krankheit den Schlaf unmöglich.

3 Der Reiche müht sich ab bei der Ansammlung von Vermögen, und wenn er ausruht, sättigt er sich an seinen Genüssen (oder Vergnügungen);

4 der Arme dagegen bei kümmerlichem Lebensunterhalt, und wenn er ausruht, so leidet er Mangel.

5 Wer das Gold liebt, bleibt nicht schuldlos, und wer dem Gelde nachjagt, gerät dadurch in Sünden.

6 Viele sind dem Untergang anheimgefallen

aus Liebe zum Golde, und plötzlich stand das Verderben vor ihnen;

7 ein Stück Holz, über das man fällt, ist es für die Toren, und jeder Unverständige läßt sich dadurch fangen.

8 Glücklich zu preisen ist der Reiche, der untadelig erfunden wird und hinter dem Golde nicht hergeht.

9 Wo ist ein solcher, daß wir ihn glücklich preisen? Denn Wundertaten hat er in seinem Volke vollbracht.

10 Wer ist durch den Besitz von Gold versucht worden und bis ans Ende unsträflich geblieben? es soll ihm zum Ruhm gereichen! Wer konnte das Gesetz übertreten und ließ sich doch keine Übertretung zu schulden kommen? wer konnte Böses tun und tat es doch nicht?

11 Einem solchen ist sein Glück gesichert, und seine Gerechtigkeit preist die Gemeinde.

Vom Verhalten bei Gastmählern; Mahnungen zur Mäßigkeit beim Essen und Trinken

12 Wenn du an der Tafel eines Großen sitzest, so sperre an ihr nicht den Rachen auf und sage nicht: 'Ei, da stehen ja viele Sachen aufgetragen!'

13 Bedenke wohl, daß ein mißgünstiges Auge etwas Schlimmes ist: was ist mißgünstiger geschaffen als das Auge? Darum vergießt es Tränen über das ganze Gesicht herab.

14 Wohin der andere blickt, dahin strecke

deine Hand nicht aus, damit du nicht zugleich mit ihm in der Schüssel zusammentreffest.

15 Beurteile die Wünsche des anderen von deinem eigenen Standpunkt aus und denke nach bei allem, was du tust.

16 Iß, wie ein Mensch soll, das, was man dir vorgesetzt hat, und schmatze nicht beim Kauen, damit du keinen Anstoß erregest.

17 Höre mit Rücksicht auf den Anstand zuerst auf und sei nicht unersättlich, damit du nicht Ärgernis gebest.

18 Und wenn du inmitten vieler sitzest, so strecke deine Hand nicht früher aus als jene.

19 Wie wenig (Speise und Trank) genügt einem wohlerzogenen Menschen! und er braucht auf seinem Lager nicht zu stöhnen.

20 Gesunder Schlaf stellt sich ein, wenn der Magen nicht zu voll ist; man steht morgens auf und hat einen klaren Kopf; Beschwerde der Schlaflosigkeit und des Erbrechens und Leibschmerzen stellen sich bei einem unersättlichen Menschen ein.

21 Hast du dich aber beim Genuß der Gerichte übernommen, so stehe auf und geh umher, so wirst du wieder zur Ruhe kommen.

22 Höre auf mich, mein Sohn, und schlage meine Worte nicht in den Wind! Du wirst schließlich finden, daß ich recht habe. Bei allem, was du tust, sei mäßig, so wird dich keinerlei Krankheit befallen.

23 Bei wem die Tafel glänzend besetzt ist, den

preisen alle Lippen, und das Rühmen seiner Anständigkeit tritt zuverlässig ein;

24 wer aber bei der Bewirtung knauserig ist, über den murrt die ganze Stadt, und der Ruf von seiner Knauserei tritt entschieden ein.

25 Beim Weintrinken suche kein Held zu sein, denn schon viele hat der Wein zugrunde gerichtet.

26 Wie der Ofen den Stahl erprobt, den man eingetaucht hat, so erprobt der Wein die Herzen, wenn Übermütige im Streit liegen.

27 Ein Lebenswasser ist der Wein für den Menschen, wenn man ihn mit Maßen trinkt. Was ist das Leben für den, der den Wein entbehren muß? Ja, er ist den Menschen zum Frohsinn geschaffen.

28 Des Herzens Freude und der Seele Lust ist der Wein, wenn man ihn zu rechter Zeit mäßig trinkt;

29 aber Herzeleid schafft der Wein, wenn er genossen wird bei Streit und im Zorn.

30 Trunkenheit steigert die Wut des Unvernünftigen zu anstößigem Tun, schwächt die Körperkraft und fügt auch noch Wunden hinzu.

31 Beim Weingelage stelle den Nächsten nicht zur Rede und behandle ihn nicht geringschätzig in seiner Fröhlichkeit; sprich kein schmähendes Wort zu ihm und rege ihn nicht auf durch eine Schuldforderung.

32. Kapitel

Regeln der Bescheidenheit und Gottesfurcht.

1 Macht man dich zum Trinkwart, so überhebe dich nicht, benimm dich unter ihnen wie einer ihresgleichen; sorge für sie, und dann erst setze dich.

2 Bist du allen deinen Obliegenheiten nachgekommen, dann laß dich nieder, damit du deine Freude an ihnen hast und als Lohn für dein treffliches Verhalten den Kranz erhältst.

3 Rede, du Alter, denn das kommt dir zu, mit gründlicher Sachkenntnis, doch hindere den Gesang (oder die Musik) nicht!

4 Wo es Gesang (oder Musik) zu hören gibt, da trage keine lange Rede vor und bringe deine Weisheit nicht zur Unzeit an.

5 Wie ein Siegelring von Karfunkel an goldener Halskette ist ein kunstgerechtes Konzert beim Weingelage; [Wie ein Rubin auf einem Goldring leuchtet, so ziert Musik das Festmahl. (23)]

6 ein Siegelring von Smaragd in goldener Einfassung ist melodischer Gesang bei lieblichem Wein.

7 Rede, du Jüngling, wenn's durchaus nötig ist, aber nur, wenn man zwei- oder dreimal dich auffordert.

8 Fasse dich kurz, sage viel mit wenigen Worten; sei wie einer, der's versteht und doch schweigen kann.

9 Unter Vornehmen stelle dich ihnen nicht gleich und unter Greisen schwatze nicht viel.

10 Wie der Blitz dem Donner vorauseilt, so geht vor dem Bescheidenen die Gunst einher.

11 Stehe beizeiten auf und halte dich nicht zum Nachtrab; begib dich schnell nach Hause und sei nicht leichtsinnig.

12 Dort sei vergnügt und führe deine Einfälle aus, doch in der Furcht Gottes und nicht in Unverstand;

13 und außerdem preise deinen Schöpfer, der dich mit seinen Gütern überreich labt.

Gegensatz zwischen dem gottesfürchtigen Weisen und dem sündigen Toren

14 Wer den Herrn sucht, erhält Belehrung (oder Unterweisung), und die eifrig nach ihm trachten, erlangen sein Wohlgefallen.

15 Wer das Gesetz erforscht (oder zu erfüllen strebt), wird mit ihm ganz erfüllt; wer aber heuchelt, kommt an ihm zu Fall.

16 Die den Herrn fürchten, verstehen das Recht und lassen gerechte Aussprüche wie ein Licht leuchten.

17 Ein sündiger Mensch lehnt die Belehrung ab und macht eine ihm genehme Auslegung ausfindig.

18 Ein Mann von Einsicht läßt die Ansicht eines Fremden nicht unbeachtet, aber der Hochmütige fügt sich keiner Rücksichtnahme, und nachdem

er für sich allein gehandelt hat, ohne sich raten zu lassen, wird er seines Unverstandes überführt.

19 Ohne Rat (oder Überlegung) tue nichts, so wirst du nach der Tat nichts zu bereuen haben.

20 Gehe nicht auf einem Wege, der Hindernisse darbietet, damit du nicht über Steine stolperst.

21 Traue keinem Wege, der frei von Anstoß ist, [Gehe nicht den Weg, da du fallen möchtest, noch da du dich an die Steine stoßen möchtest. Verlaß dich nicht darauf, daß der Weg eben sei; (24)] und so sei auch vor deinen Kindern auf der Hut.

22 Bei allem, was du tust, achte auf deine Seele (oder setze dein Vertrauen auf dich selbst), denn darin besteht die Beobachtung der Gebote (Gottes).

23 Wer sein Vertrauen auf das Gesetz setzt, der bewahrt seine Seele, und wer auf den Herrn vertraut, wird nicht zu Schaden kommen.

33. Kapitel

Von Gottes wunderbaren Wegen.
Regeln fürs häusliche Leben.

1 Den Gottesfürchtigen trifft kein Übel, sondern in der Heimsuchung reißt der Herr ihn wieder heraus.

2 Nie wird weise, wer das Gesetz haßt, und er wird umhergeworfen wie ein Schiff im Wirbelsturm.

3 Ein verständiger Mensch setzt sein Vertrauen auf das Wort Gottes, und das Gesetz ist für ihn zuverlässig wie eine Frage an das göttliche Orakel.

4 Bereite dich auf deine Rede vor und dann laß dich hören, nimm dein Wissen zusammen und dann antworte.

5 Wie ein Wagenrad ist das Innere des Toren und wie eine sich drehende Wagenachse sein Denken.

6 Ein geiler Hengst ist wie ein spottsüchtiger Freund; mag auf ihm sitzen, wer da will: – er wiehert. [Wie ein Hengst, der unter jedem Reiter wiehert, so ist ein Freund, der Lust zum Spott hat. (25)]

Die Ungleichheit in der Natur
sowie unter den Menschen rührt von Gott her -
die unterschiedlichen Ordnungen in Gottes Welt

7 Warum ragt mancher Tag vor dem andern hervor, obgleich doch alles Tageslicht im Jahre von derselben Sonne kommt?

8 Durch die Weisheit Gottes sind sie unterschiedlich gestaltet, und er hat die Zeiten und Feste verschieden gemacht;

9 einige von ihnen hat er erhöht und geheiligt,

während er manche von ihnen unter die Zahl der Alltage gesetzt hat.

10 Auch die Menschen bestehen allesamt aus Staub, und aus Erde wurde auch Adam erschaffen.

11 Auf Grund seiner großen Weisheit hat der Herr Unterschiede zwischen ihnen gemacht und ihnen mannigfaltige Geschicke zugewiesen;

12 manche von ihnen hat er gesegnet und ausgezeichnet, ja einige von ihnen geheiligt und nahe zu sich gebracht; aber andere von ihnen hat er verflucht und erniedrigt und sie von ihrer Stelle hinabgestürzt.

13 Wie der Ton in der Gewalt des Töpfers ist, so daß seine Gestaltung ganz von seinem Belieben abhängt, so stehen die Menschen in der Gewalt ihres Schöpfers, so daß er ihnen nach seiner Entscheidung zuteilt.

14 Gegenüber dem Bösen steht das Gute und gegenüber dem Tode das Leben; so steht auch der Fromme dem Sünder gegenüber.

15 Und ebenso blicke auf alle Werke des Höchsten: immer sind es zwei und zwei, eins dem andern gegenüber.

Der Verfasser hält sich für berechtigt,
Beachtung seiner Darlegungen zu fordern.

16 Ich nun habe als ein Letzter rastlos gestrebt,

17 wie einer, der hinter den Weingärtnern her Nachlese hält; aber durch den Segen des Herrn

bin ich vorangekommen und habe wie ein Weingärtner meine Kelter gefüllt.

18 Erkennet, daß ich nicht für mich allein gearbeitet habe, sondern für alle, die Belehrung suchen.

19 Hört auf mich, ihr Häupter des Volks, und ihr Leiter der Gemeinde, merkt auf!

Vierter Teil:

Lebensregeln und Tugendlehre für rechte Diener Gottes

20 Dem Sohne und Weibe, dem Bruder und Freunde räume keine Gewalt über dich ein, solange du lebst; auch übergib keinem andern dein Vermögen, damit es dich nicht reue und du darum betteln mußt.

21 Solange du lebst und ein Atem in dir ist, gib keinem andern Menschen Gewalt über dich;

22 denn es ist besser, daß deine Kinder dich bitten, als daß du auf die Hände deiner Söhne blicken mußt.

23 Bei allem, was du unternimmst, behalte die Oberhand, damit du keinen Flecken auf deine Ehre fallen läßt.

24 Erst am Tage, wo es mit deinem Leben zu

Ende geht, und in der Todesstunde verteile dein Erbe.

25 Wie Futter und Stock und Last dem Esel zukommen, so Brot und strenge Zucht und Arbeit dem Knecht.

26 Laß den Knecht für dich arbeiten, so wirst du Ruhe finden; laß seine Hände lässig sein, so wird er nach der Freiheit verlangen.

27 Wie Joch und Riemen den Nacken (des Zugtieres) beugen, so gehören sich für einen boshaften Knecht Martern und Schläge.

28 Lege ihm reichliche Arbeit auf, damit er nicht müßig gehe; denn der Müßiggang lehrt viel Böses.

29 Stelle ihn zur Arbeit an, wie's ihm zukommt, und wenn er ungehorsam ist, so lege ihm schwere Fesseln an;

30 aber überschreite das Maß bei keinem Menschen, und ohne, daß du das Recht dazu hast, tue überhaupt nichts.

31 Hast du einen Knecht, so halte ihn wie dich selbst; denn du hast ihn mit Blut erworben.

32 Hast du einen Knecht, so behandle ihn wie einen Bruder, dann wirst du ihn an dich fesseln, als wäre es dein eigenes Leben.

33 Wenn du ihn schlecht behandelst und er sich auf- und davonmacht: auf welchem Wege willst du ihn suchen?

34. Kapitel

Täuschung durch Träume.

1 Eitle und trügerische Hoffnungen hegt der unverständige Mann, und Träume versetzen die Toren in Aufregung.

2 Wie einer, der nach dem Schatten greift und den Wind hascht, so ist der, welcher sich auf Träume verläßt.

3 Nur ein Spiegelbild ist das Traumgesicht, wie das Abbild des Antlitzes gegenüber dem Antlitz selbst.

4 Was kann vom Unreinen für rein erklärt werden? und welche Wahrheit kann von der Lüge kommen?

5 Wahrsagungen, Zeichendeutungen und Träume sind nichtige Dinge, und wie bei einem Weibe in Kindesnöten phantasiert der Geist.

6 Sind sie nicht vom Höchsten gesandt zur Heimsuchung (26), so laß dein Herz nicht auf sie achten;

7 denn viele haben die Träume schon irregeführt, und gar mancher, der seine Hoffnung auf sie setzte, hat sich getäuscht gesehen.

8 Ohne zu trügen, geht das Gesetz in Erfüllung, und die Weisheit gelangt durch einen zuverlässigen Mund zur Vollendung.

9 Ein unterrichteter Mann weiß viel, und der Vielerfahrene legt Einsicht an den Tag.

Wert des Vertrauens auf Gott.

10 Wer keine Erfahrungen gemacht hat, weiß wenig; wer aber in der Welt umhergekommen ist, eignet sich viel Klugheit an.

11 Vieles habe ich auf meinen Reisen gesehen, und meine Einsicht ist größer als ich sagen kann.

12 Oftmals bin ich in Todesgefahr geraten, habe aber diesetwegen Rettung gefunden.

13 Der Geist, der Gottesfürchtigen bleibt am Leben, denn ihre Hoffnung beruht auf dem, der sie rettet.

14 Wer den Herrn fürchtet, braucht nichts zu fürchten und nicht zu verzagen, denn er ist seine Hoffnung.

15 Glücklich zu preisen ist die Seele des Gottesfürchtigen: auf wen vertraut er, und wer ist seine Stütze?

16 Die Augen des Herrn ruhen auf denen, die ihn lieben; ein mächtiger Schirm und eine starke Stütze ist er, eine Schutzwehr gegen den Glutwind und eine Schutzwehr gegen die Mittagshitze, eine Hut vor dem Straucheln und eine Hilfe gegen das Fallen;

17 er hebt den Mut und macht die Augen hell, verleiht Heilung, Leben und Segen.

Warnung vor falschem Opfer.

18 Ein Opfer von ungerechtem Gut ist eine

Gabe, die Gottes spottet, und die Spottgaben der Gottlosen sind nicht wohlgefällig.

19 Kein Wohlgefallen hat der Höchste an den Darbringungen der Gottlosen, und nicht um der Menge der Opfer willen vergibt er Sünden.

20 Wie einer, der den Sohn vor den Augen des Vaters schlachtet, ist der, welcher ein Opfer darbringt vom Gute der Armen.

21 Ein kärgliches Brot ist der Lebensunterhalt der Armen, wer es ihnen raubt, ist ein Blutmensch;

22 den Nächsten mordet, wer ihm den Lebensunterhalt entzieht, und Blut vergießt, wer dem Lohnarbeiter den Lohn vorenthält.

23 Der eine baut auf, und der andere reißt nieder: welchen Gewinn haben sie davon als die Mühe?

24 Der eine betet (oder segnet) und der andere flucht: auf wessen Stimme soll der Allherr hören?

25 Wer sich nach Berührung einer Leiche wäscht und sie dann wieder berührt: welchen Nutzen hat der von seinem Waschen?

26 Ebenso steht's mit einem Menschen, der wegen seiner Sünden fastet und dann wieder hingeht und dasselbe tut: wer wird sein Gebet erhören, und welchen Nutzen hat er von seiner Kasteiung?

35. Kapitel

Gott wohlgefällige Opfer. Erhörung des Gebets.

1 Wer das Gesetz beobachtet, bringt reichliche Opfergaben dar; ein Friedensopfer bringt dar, wer auf die Gebote achtet.
2 Wer sich dankbar beweist, bringt ein Speisopfer dar, und wer Mildtätigkeit übt, opfert ein Lobopfer.
3 Eine dem Herrn wohlgefällige Gabe ist es, wenn man vom Bösen absteht, und Versöhnung erlangt man, wenn man sich von der Ungerechtigkeit fernhält.
4 Erscheine vor dem Herrn nicht mit leeren Händen;
5 denn alles dieses muß geschehen, weil das Gesetz es gebietet.
6 Das Opfer des Gerechten macht den Altar fett, und sein Wohlgeruch steigt zum Höchsten empor;
7 das Schlachtopfer eines gerechten Mannes ist wohlgefällig, und das Andenken daran gerät nicht in Vergessenheit.
8 Mit gütigem Auge ehre den Herrn und laß die Erstlinge deiner Hände nicht kärglich ausfallen.
9 Bei jeglicher Gabe zeige ein freundliches Gesicht und weihe den Zehnten mit frohem Sinn.
10 Gib dem Höchsten ebenso reichlich, wie er dir gegeben hat, und mit gütigem Auge, jenachdem deine Hand erworben hat;

11 denn er ist ein Gott, der Wiedervergeltung übt, und wird es dir siebenfältig erstatten.

12 Suche den Herrn durch deine Gabe nicht zu bestechen, denn er nimmt nichts an, und verlaß dich auf kein ungerechtes Opfer; denn der Herr sitzt zu Gericht, und bei ihm gibt es kein Ansehen der Person.

13 Er nimmt nicht Partei gegen den Armen, und das Gebet dessen, dem Unrecht geschehen ist, findet Gehör bei ihm;

14 nicht läßt er das Flehen der Waisen unbeachtet, noch die Witwe, wenn sie ihre Klage ausschüttet.

15 Fließen nicht die Tränen der Witwe über die Wange hinab, und richtet sich ihr Hilferuf nicht gegen den, der sie hervorgepreßt hat?

16 Wer dem Herrn wohlgefällig dient, wird angenommen, und sein Gebet dringt bis zu den Wolken empor.

17 Das Gebet des Elenden dringt durch die Wolken, und nicht beruhigt es sich, bis es (bei Gott) angelangt ist, und es gibt sich nicht zufrieden, bis der Höchste darauf achtet und gerecht richtet und Recht schafft.

18 Und der Herr wird nicht auf sich warten lassen und nicht Langmut gegen die Erbarmungslosen üben, bis er ihnen die Lenden zerschlagen und den Stolzen mit Rache vergolten, bis er die Rotte der Gewalttätigen vernichtet und die Herrscherstäbe der Gottlosen zerbrochen hat.

19 bis er den Menschen nach ihrem Tun vergolten und den Werken der Menschen nach ihren Absichten gelohnt hat, bis er seinem Volke Recht schafft und es durch sein Erbarmen erfreut.

20 Köstlich ist sein Erbarmen zur Zeit der Bedrängnis, wie Regenwolken zur Zeit der Dürre.

36. Kapitel

Gebet des Gottesvolkes um Hilfe gegen seine Feinde

1 Erbarme dich unser, o Herr, du Gott des Alls, und blicke auf uns her

2 und schleudre deinen Schrecken auf alle Heiden!

3 Erhebe deine Hand gegen die fremden Völker, damit sie deine Macht erkennen!

4 Wie du dich einst vor ihren Augen an uns als der Heilige erwiesen hast, so erweise dich jetzt vor unsern Augen an ihnen als der Mächtige,

5 damit sie erkennen, wie wir es erkannt haben, daß es keinen Gott außer dir gibt, o Herr.

6 Erneuere die Zeichen und wiederhole die Wunder, verherrliche deine Hand und deinen rechten Arm!

7 Laß deinen Grimm erwachen und schütte deinen Zorn aus, vertilge den Widersacher und zermalme den Feind!

8 Beschleunige die Zeit und sei deines Schwures eingedenk, damit deine Großtaten laut verkündigt werden!

9 Vom Feuer deines Zornes müsse verzehrt werden, wer sich zu retten sucht, und die, welche dein Volk mißhandeln, müssen den Untergang finden!

10 Zerschmettere das Haupt der Fürsten unserer Feinde, das da sagt: 'Neben mir gibt es keinen andern!'.

11 Vereinige alle Stämme Jakobs wieder und setze sie wieder in ihren Erbbesitz ein, wie es im Anfang war.

12 Erbarme dich des Volkes, o Herr, das nach deinem Namen benannt ist, Israels, das du dem Erstgeborenen gleich geachtet hast!

13 Habe Mitleid mit der Stadt deines heiligen Tempels, mit Jerusalem, der Stätte deiner Wohnung!

14 Laß an Zion deine Verheißungen vollzählig in Erfüllung gehen und deine Herrlichkeit an deinem Volke reichlich zu Tage treten.

15 Lege Zeugnis ab für das in der Vorzeit von dir Geschaffene und mache die Weissagungen wahr, die in deinem Namen ergangen sind!

16 Gib den Lohn denen, die auf dich harren, damit deine Propheten als zuverlässig erfunden werden.

17 Erhöre, o Herr, das Gebet deiner Knechte entsprechend dem Segen Aarons über dein Volk.

Fünfter Teil:
Weitere (vermischte) Lehren und Mahnungen (bsd. bezüglich gesellschaftlicher Verhältnisse)

18 Allerlei Speise verzehrt der Magen, aber die eine Speise ist besser (oder angenehmer) als die andere.

19 Wie der Gaumen Gerichte von Wildbret herausschmeckt, so erkennt ein verständiger Geist lügnerische Worte.

20 Ein arglistiges Herz bereitet Kummer, aber ein vielerfahrener Mann zahlt's ihm heim.

21 Ein Weib muß jeden Mann annehmen, es ist aber das eine Mädchen besser als das andere.

22 Die Schönheit der Frau macht das Angesicht (des Mannes) leuchten und geht über jedes andere Verlangen des Mannes hinaus;

23 ist aber auf ihrer Zunge noch Milde und Sanftmut, so zählt ihr Mann nicht zu den gewöhnlichen Menschenkindern.

24 Wer eine (solche) Frau erwirbt, gewinnt den besten Besitz, eine Gehilfin, die zu ihm paßt, und eine Säule, an die er sich lehnt.

25 Wo kein Zaun ist, wird das Grundstück geplündert; und wo keine Frau (im Hause) ist, da herrscht Seufzen und Verwirrung.

26 Denn wer traut einem leichtgeschürzten

Räuber, der von einer Stadt in die andere hinstürmt? Ebenso ergeht es dem Manne, der kein Nest hat und der da nächtigt, wohin er gerade am Abend kommt.

37. Kapitel

Über Freunde und Ratgeber

1 Jeder Freund sagt: 'Auch ich bin ein Freund!' aber mancher Freund ist nur dem Namen nach ein Freund.
2 Ist's nicht ein Kummer, der dem Tode nahe bringt, wenn ein Genosse und Freund sich in einen Feind verwandelt?
3 Böse Gesinnung, von wo bist du hereingebrochen, die Erde mit Falschheit zu bedecken?
4 Ein Genosse freut sich, solange das Glück seines Freundes dauert, aber zur Zeit der Trübsal ist er gegen ihn.
5 Ein guter Freund kämpft mit dem Feinde und ergreift den Schild gegen den Widersacher.
6 Vergiß den Freund nicht im Kampfe und sei seiner nicht uneingedenk, wenn du Vermögen besitzt.
7 Jeder Ratgeber hält seinen Rat hoch, aber mancher rät zu seinem eigenen Nutzen.
8 Vor einem Ratgeber nimm dich in acht und suche zunächst zu erfahren, in welcher äußeren

Lage er sich befindet; denn er wird bei seinem Rate an sich selbst denken. Hüte dich, damit er dein Geschick nicht dem Zufall preisgibt

9 und zu dir sagt: 'Du bist auf dem rechten Wege', dabei aber sich dir gegenüber hinstellt, um zu sehen, was dir zustoßen werde.

10 Berate dich nicht mit einem, der mißgünstig nach dir blickt, und verbirg deine Pläne vor deinen Neidern.

11 Berate dich nicht mit einer Frau über ihre Nebenbuhlerin (eig. Nebenfrau), noch mit einem Feigling über den Krieg, nicht mit einem Kaufmann über den Umsatz, noch mit einem Verkäufer über die Ware, nicht mit einem Mißgünstigen über Dankbarkeit (oder Wohltun), noch mit einem Hartherzigen über Mildtätigkeit, nicht mit einem Faulen über seine Arbeit, noch mit einem ständigen Tagelöhner über den Feierabend, nicht mit einem faulen Knecht über viele Arbeit: auf diese Leute verlaß dich nicht bei irgend einem Ratschlag.

12 Vielmehr pflege beständig Verkehr mit einem frommen Mann, von dem du weißt, daß er die Gebote hält, der gleichen Sinnes ist wie du und um dich trauert, wenn du ins Unglück gerätst.

13 Aber auch auf den Rat des Gewissens gib acht, denn einen treueren Berater als dieses hast du nicht;

14 denn das Gewissen des Menschen pflegt (manchmal) besser Bescheid zu geben als

sieben Wächter, die auf einer Anhöhe zur Ausschau sitzen.

[10 Halte keinen Rat mit dem, der einen Argwohn zu dir hat, und nimm nicht zu Rat, die dich neiden, –
11 gleich als wenn du ein Weib um Rat fragst, wie man ihrer Feindin freundlich sein soll, oder einen Verzagten, wie man kriegen soll, oder einen Kaufmann, wie hoch er deine Ware gegen seine achten wolle, oder einen Käufer, wie teuer du geben sollst, 13 oder einen Neidischen, wie man wohltun, oder einen Unbarmherzigen, wie man Gnade erzeigen soll, oder einen Faulen, wie man viel arbeiten könne, 14 oder einen Tagelöhner, der nirgend ansässig ist, wie man die Arbeit zu Ende bringen soll, oder einen trägen Hausknecht, wie man viel vor sich bringen könne.
12 Solche Leute nimm nicht zu Rat, sondern halte dich stets zu gottesfürchtigen Leuten, da du weißt, daß sie Gottes Gebote halten; die gesinnt sind, wie du bist, die Mitleiden mit dir haben, wo du strauchelst. (27)
13 Und bleibe bei dem, was dir dein Herz rät; denn du wirst keinen treueren Ratgeber finden.
14 Denn mit seinem Herzen kann ein Mann mehr erkennen als sieben Wächter, die oben auf der Warte sitzen. (28)]

15 Bei alledem aber bete zum Höchsten, daß er

nach seiner Treue deinen Weg ebnen (oder deine Schritte lenken) wolle.

16 Das Wort (oder Überlegung) bilde den Anfang jedes Werkes, und Beratung gehe jedem Handeln voraus.

17 Als Spur veränderten Sinnes treten vier Stücke zu Tage:

18 Gutes und Böses, Leben und Tod, und ihre beständige Gebieterin ist die Zunge.

19 Mancher kluge Mann ist ein Lehrer für viele andere und weiß doch sich selbst nicht zu nützen.

20 Mancher, der sich in seinen Worten als weise hinstellt, ist verhaßt, ein solcher leidet schließlich Mangel an allem Lebensunterhalt;

21 denn es ist ihm vom Herrn keine Liebenswürdigkeit verliehen, weil ihm die (wahre) Weisheit völlig abgeht.

22 Mancher ist nur für sich selbst weise, und die Früchte seiner Einsicht zeigen sich an seinem Leibe.

23 Ein weiser Mann belehrt sein Volk, und die Früchte seiner Einsicht sind zuverlässig (oder ewig).

24 Ein weiser Mann trägt reichen Segen davon, und es preisen ihn glücklich alle, die ihn sehen.

25 Das Leben eines Mannes besteht in einer Zahl von Tagen, aber die Tage Israels sind unzählbar.

26 Der Weise erwirbt sich bei seinem Volke Vertrauen, und sein Name lebt in Ewigkeit fort.

27 Mein Sohn, hinsichtlich deiner Lebensweise prüfe deine Natur und sieh zu, was ihr schädlich ist, und gib es ihr nicht;

28 denn nicht alles ist allen zuträglich, und nicht jeder Natur sagt alles zu.

29 Sei nicht unmäßig bei irgend einem Genuß und stürze dich nicht gierig auf leckere Speisen;

30 denn in vielem Essen nistet Krankheit, und die Unmäßigkeit führt bis zum Erbrechen.

31 Infolge von Unmäßigkeit sind viele zu Tode gekommen; wer sich aber in acht nimmt, verlängert sein Leben.

38. Kapitel

Vom Verhalten gegen den Arzt

1 Ehre den Arzt, wenn (oder bevor) du ihn nötig hast, mit gebührenden Ehren, denn auch ihn hat der Herr eingesetzt;

2 denn von Gott stammt die Heilkunst, und vom Könige empfängt er Geschenke;

3 das Wissen des Arztes läßt ihn sein Haupt hoch erheben, und vor den Großen findet er Bewunderung.

4 Der Herr bringt die Heilmittel aus der Erde hervor, und ein verständiger Mensch verschmäht sie nicht.

5 Wurde nicht vom Holz das Wasser süß, damit dessen Kraft (oder seine Macht) erkannt würde?

6 Und er selbst ist's, der den Menschen das Wissen verleiht, um sich durch seine wunderbaren Heilmittel zu verherrlichen.

7 Durch sie heilt der Arzt und bringt den Schmerz zur Ruhe,

8 und der Apotheker bereitet aus ihnen die Mischungen; Gottes Wirken soll eben kein Ende nehmen und ein von ihm ausgehendes Wohlbefinden auf der ganzen Erde herrschen.

9 Mein Sohn, in Krankheit sei nicht lässig, sondern bete zum Herrn, so wird er dich heilen.

10 Stehe ab von Versündigung und laß deine Hände rechtschaffen handeln und reinige dein Herz von aller Sünde.

11 Bringe Weihrauch dar und ein Gedenkopfer von Weizenmehl und eine fette Opfergabe, als ob du schon nicht mehr am Leben wärst.

12 Aber auch dem Arzte gewähre Zutritt, denn auch ihn hat der Herr eingesetzt, und er darf dir nicht fern bleiben; denn auch ihn hast du nötig.

13 Bisweilen tritt auch durch seine Bemühung ein glücklicher Erfolg ein,

14 da ja auch er zu Gott betet, daß er ihm Linderung gelingen lasse und die Heilung zur Wiederherstellung.

15 Wer sich gegen seinen Schöpfer versündigt, möge in die Hände des Arztes fallen!

*Vom Verhalten bei Todesfällen
und über das Trauern*

16 Mein Sohn, um einen Toten vergieße Tränen und stimme die Totenklage an als einer, der einen schweren Verlust erlitten hat. Wie es ihm zukommt, besorge seine Leiche und zeige dich bei seiner Bestattung nicht gleichgültig.

17 Laß dein Weinen bitterlich sein und heiß deine Klage und halte die Trauer um ihn, wie es seiner würdig ist, einen oder zwei Tage der üblen Nachrede wegen, und laß dich dann wieder trösten bezüglich deines Kummers.

18 Denn aus dem Kummer geht der Tod hervor, und Trauer im Herzen lähmt die Lebenskraft.

19 Mit dem Leichenzuge geht auch die Trauer vorüber, und die Lebensweise des Armen zehrt dauernd am Herzen.

20 Überlaß dein Herz nicht länger dem Kummer, entschlage dich seiner und denke an das Ende;

21 vergiß das nicht, denn da gibt's keine Rückkehr; diesem nützest du nicht, und dir selbst schadest du.

22 Denke an sein Geschick, denn so ist auch das deine: gestern ihm und heute dir.

23 Ist es mit dem Toten zu Ende, so laß auch sein Andenken zu Ende sein und tröste dich über ihn, weil sein Geist von ihm geschieden ist.

Über das Erlernen der Weisheit

24 Die Weisheit des Schriftgelehrten gedeiht in günstiger Mußezeit, und wer kein Geschäft hat, kann sich der Weisheit widmen (oder kann weise werden).

25 Wie kann die Weisheit erlangen, wer den Pflug führt und seinen Ruhm findet in der Lanze des Ochsenstachels? wer Rinder antreibt und sich mit deren Arbeiten befaßt und mit den jungen Stieren seine Unterhaltung führt?

26 wer seinen Sinn darauf richtet, Furchen zu ziehen, und dessen unablässige Sorge auf die Fütterung der Kühe geht?

27 Ebenso steht es mit jedem Handwerker und Baumeister (oder Künstler?), der bei Nacht wie bei Tage durcharbeitet, der da Schnitte auf Siegelringe eingräbt und beharrlich dabei ist, mannigfaltige Verzierungen anzubringen: er richtet seine Aufmerksamkeit darauf, die Zeichnung (oder das Gemälde) ähnlich zu machen, und seine Sorge geht auf die Vollendung des Werkes.

28 Ebenso auch der Schmied, der nahe beim Amboß sitzt und das rohe Eisen (oder das gewichtige Gerät) beschaut; die Flamme des Feuers bringt sein Fleisch zum Aufspringen, und von der Hitze des Ofens erglüht er; dem Schall des Hammers neigt er sein Ohr zu, und auf das Muster des Geräts sind seine Augen gerichtet; seine Gedanken beschäftigen sich nur mit der

Vollendung seiner Arbeiten, und seine unablässige Sorge geht dahin, sie bei der Fertigstellung sauber zu putzen.

29 Ebenso ist's mit dem Töpfer, der an seiner Arbeit sitzt und mit den Füßen die Scheibe dreht, der immerfort in Unruhe lebt um seine Arbeit, denn seine ganze Leistung wird stückweise berechnet.

30 Mit seinem Arme formt er den Ton, und unter seinen Füßen macht er die zähe Masse geschmeidig; seine Aufmerksamkeit richtet er auf die Vollendung der Glasur, und seine Sorge geht auf die Reinigung des Ofens.

31 Alle diese verlassen sich auf ihre Hände, und jeder von ihnen versteht sich gut auf sein Geschäft.

32 Ohne sie wird keine Stadt gebaut, und wo sie als Fremdlinge wohnen, brauchen sie nicht zu hungern.

33 Doch bei der Beratung des Volkes werden sie nicht befragt, und in der Gemeindeversammlung spielen sie keine Rolle; auf dem Stuhl des Richters sitzen sie nicht, (und auf den Bund des Gesetzes verstehen sie sich nicht) und bringen Gerechtigkeit und Recht nicht an den Tag, und mit Weisheitssprüchen geben sie sich nicht ab.

34 Aber den Bestand der Welt stützen sie, und ihr Gebet geht auf die Ausübung ihres Gewerbes.

39. Kapitel

*Von Schriftgelehrsamkeit.
Ermahnung zum Lob Gottes.*

1 Anders ist's mit dem, der seinen Geist darauf gerichtet hat und nachsinnt über das Gesetz des Höchsten, der die Weisheit aller Altvordern ergründet und sich mit der Erforschung der Propheten beschäftigt.

2 Auf die Darlegungen berühmter Männer gibt er acht und in die Wendung der Weisheitssprüche dringt er ein;

3 den verborgenen Sinn der Sprichwörter ergründet er und beschäftigt sich mit den Rätseln der Sprüche;

4 im Kreise der Großen leistet er Dienste und erscheint vor den Fürsten; im Lande fremder Völker reist er umher, denn Gutes und Böses unter den Menschen sucht er kennen zu lernen.

5 Er ist eifrig darauf bedacht, sich morgens an den Herrn, seinen Schöpfer, zu wenden und vor dem Höchsten um Erbarmen zu bitten; er tut seinen Mund auf zum Gebet und fleht wegen seiner Sünden um Gnade.

6 Gefällt es dem Herrn, dem großen Gott, so wird er mit dem Geiste der Einsicht erfüllt. Er selbst ist's alsdann, der Aussprüche seiner Weisheit hervorströmen läßt und dem Herrn Bekenntnisse im Gebet ablegt.

7 Er ist's, der seinem Wollen und Wissen die

rechte Richtung gibt und über Gottes Geheimnisse nachsinnt;

8 er ist's, der Unterweisung in der Lehre erteilt und sich des Bundesgesetzes des Herrn rühmt.

9 Gar viele loben seine Einsicht, und niemals geht sie verloren; sein Gedächtnis geht in Ewigkeit nicht unter, und sein Name lebt von Geschlecht zu Geschlecht;

10 seine Weisheit preisen die Völker, und sein Lob verkündet die Gemeinde.

11 Bleibt er am Leben, so wird sein Ruhm vor Tausenden gepriesen; und legt er sich zur Ruhe, so gewinnt er noch größeren.

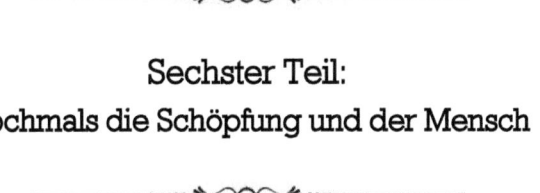

Sechster Teil:
Nochmals die Schöpfung und der Mensch

12 Noch einmal will ich mit mir zu Rate gehen und mich aussprechen; denn wie der Vollmond bin ich voll (von Erkenntnis).

13 Hört mich an, ihr frommen Söhne, und ihr werdet sprossen wie eine Rose, gepflanzt an Wasserbächen, [Gehorchet mir, ihr heiligen Kinder, und wachset wie die Rosen, an den Bächlein gepflanzt (29)]

14 und wie der Weihrauch soll euer Wohlgeruch duften, und Blüten sollt ihr treiben wie die Lilie: verbreitet Wohlgeruch und singt ein Loblied! preist den Herrn wegen all seiner Werke!

15 Gebt seinem Namen Herrlichkeit und bekennt euch zu ihm unter Lobpreis, mit Liedern zur Harfe und zum Saitenspiel; und also verkündet mit Jubelschall:

16 Die Werke des Herrn sind allzumal gut und genügen jedem Zweck zu seiner Zeit

17 Man darf nicht fragen: 'Was ist dies? wozu ist das?'; denn alles ist zweckmäßig zu seiner Zeit. Auf sein Wort stand das Wasser da wie ein Garbenhaufen, und durch das Gebot seines Mundes entstanden Sammelörter der Gewässer.

18 Auf seinen Befehl geschieht alles ihm Wohlgefällige, und niemand kann ihn hindern, wenn er helfen will.

19 Das Tun aller Menschenkinder ist ihm bekannt, und nichts bleibt vor seinen Augen verborgen.

20 Von einer Ewigkeit bis zu der andern reicht sein Blick, und nichts ist unbegreiflich für ihn.

21 Man darf nicht fragen: 'Was ist dies? wozu ist das?' denn alles ist zu einem bestimmten Zweck geschaffen.

22 Sein Segen flutet über wie der Nil, und wie der Euphratstrom tränkt er das Erdreich.

23 Ebenso treibt sein Zorn die Völker aus ihren

Wohnsitzen und verwandelt wasserreiches Land in eine Salzwüste.

24 Seine Wege sind für die Frommen gerade (oder eben), hinwiederum für die Gottlosen voller Anstoß.

25 Gutes ist für die Guten von Anfang an bestimmt, ebenso Böses für die Sünder.

26 Die Hauptbedürfnisse für das menschliche Leben sind Wasser und Feuer, Eisen und Salz, das Mark des Weizens, Honig und Milch, Traubenblut, Öl und Kleidung.

27 Alles das dient den Frommen zum Guten, ebenso verwandelt es sich für die Sünder in Böses.

28 Es gibt Winde (oder Geister), die zur Strafe geschaffen sind und in ihrem Wüten Berge von ihrer Stelle rücken; zur Zeit des Vollzugs lassen sie ihre Kraft los und besänftigen dadurch den Grimm ihres Schöpfers.

29 Feuer und Hagel, Hungersnot und Pest, auch diese sind zur Strafe geschaffen.

30 Reißende Tiere, Skorpione und Schlangen und das Schwert, das an den Gottlosen Rache nimmt zum Verderben:

31 wenn er ihnen Befehl erteilt, so freuen sie sich und halten sich bereit, wenn er ihrer auf der Erde bedarf, und wenn ihre Zeit kommt, widerstreben sie seinem Befehle nicht.

32 Darum war ich von Anfang an fest überzeugt und erwog es und sprach es in einer Schrift aus:

33 'Die Werke des Herrn sind allzumal gut und genügen jedem Zwecke zu seiner Zeit';

34 und man darf nicht sagen: 'Dieses ist schlechter als jenes', denn alles bewährt sich zu seiner Zeit.

35 Und nun jubelt mit ganzem Herzen und vollem Munde und preist den Namen des Herrn!

40. Kapitel

Vom Elend des Menschen

1 Große Mühsal hat Gott jedem Menschen zugeteilt, und ein schweres Joch ist den Menschenkindern auferlegt von dem Tage an, wo sie aus dem Schoße ihrer Mutter hervorgehen, bis zu dem Tage, wo sie (im Grabe) zur Allmutter zurückkehren;

2 den Gegenstand ihrer Gedanken und die Furcht ihres Herzens, ihre sorgenvolle Erwägung bildet der Tag ihres Todes.

3 Von dem an, der auf dem Throne sitzt in Herrlichkeit, bis zu dem, der in Staub und Asche erniedrigt daliegt,

4 von dem an, der den Purpur und die Krone trägt, bis zu dem, der sich in grobes Linnen hüllt:

5 Zorn, Eifersucht, Sorge und Angst, Todesfurcht, Zank und Streit; und zur Zeit der Ruhe auf seinem Lager verwirrt der nächtliche Schlaf seine Gedanken.

6 Ruhe findet er nur eine Weile, so gut wie keine, und liegt dann ruhelos in Träumen wie am Tage der Wache; geängstigt durch die Gesichte seines Geistes ist er wie ein Flüchtling, der vor dem Verfolger enteilt;

7 im Augenblick, wo es sich um seine Rettung handelt, erwacht er und wundert sich über seine grundlose Furcht.

8 Bei allen Geschöpfen vom Menschen bis zu den Tieren, und bei den Sündern obendrein siebenfach,

9 herrscht Pest und Blutvergießen, Fieber und Schwert, Hungersnot und Tod, Verwüstung und Plagen.

10 Gegen die Gottlosen ist dies alles geschaffen worden, und um ihretwillen tritt die Vernichtung ein.

11 Alles, was von der Erde ist, kehrt zur Erde zurück, und was aus der Höhe stammt, zur Höhe.

Unrecht Gut gedeihet nicht

12 Alle Geschenke und Ungerechtigkeit vergehen, aber die Treue besteht ewiglich.

13 Der Reichtum der Gottlosen vertrocknet wie ein Bach und verhallt wie ein starker Donner bei Gewitter.

14 Wenn der Fromme seine offene Hand betätigt, freut er sich; ebenso gehen aber die Übertreter zuletzt (oder völlig) zugrunde.

15 Die Nachkommen der Gottlosen treiben

nicht viele Schößlinge und sind wie unreine Wurzeln auf schroffen Felsen,

16 wie Riedgras an jedem Gewässer und Bachufer, das eher als alles andere Gras ausgerauft wird.

17 Die Mildtätigkeit dagegen ist wie ein gesegneter Lustgarten, und Wohltätigkeit hat ewigen Bestand.

18 Köstlich ist das Leben dessen, der genügenden Lebensunterhalt und lohnende Arbeit hat, aber besser als beide ist der daran, der einen Schatz findet.

19 Besitz von Kindern und Erbauung einer Stadt schaffen einen dauernden Namen, aber mehr als sie beide, wer die Weisheit erlangt. Viehnachwuchs und Pflanzung lassen den Namen erblühen, aber höher als beides wird ein tadelloses Weib geschätzt.

20 Wein und Gesang (oder Musik) erfreuen das Herz, aber über beides geht die Liebe von Freunden.

21 Flöte und Saitenspiel versüßen den Gesang, aber besser als beide ist liebliche Redegabe.

22 Nach Anmut und Schönheit trägt dein Auge Verlangen, aber in noch höherem Grade nach dem frischen Grün der Saat.

23 Köstlich sind ein Freund und ein Genosse, die sich zu guter Stunde einstellen, aber über beide geht die Ehefrau im Verein mit dem Gatten.

24 Brüder und Helfer sind für die Zeit der Not, aber besser als beide rettet die Wohltätigkeit.

25 Gold und Silber geben dem Fuße einen festen Stand, aber höher als beide wird ein guter Rat geschätzt.

26 Reichtum und Macht erhöhen das Selbstgefühl, doch über beide geht die Gottesfurcht. Die Gottesfurcht ist das vollkommene Gut, und wenn man sie besitzt, braucht man keine Hilfe (oder Stütze) zu suchen.

27 Die Gottesfurcht ist wie ein gesegnetes Eden, und über alle Herrlichkeit ist sie als Baldachin gebreitet.

28 Mein Sohn, führe nie ein Bettlerleben: lieber sterben als betteln!

29 Ein Mensch, der nach einem fremden Tische hinblickt, dessen Leben kann nicht als Leben gelten; er besudelt sich selbst mit den Speisen fremder Leute; ein verständiger und gesitteter Mensch hütet sich davor.

30 Im Munde des Schamlosen klingt die Bettelei süß, aber in seinem Inneren brennt sie wie Feuer.

41. Kapitel

Von der Todesfurcht.

1 O Tod, wie bitter ist der Gedanke an dich für den Menschen, der in seinen Verhältnissen

behaglich lebt, für den Mann, der ohne Sorgen ist und überall Glück hat und der noch imstande ist, Nahrung zu sich zu nehmen!

2 O Tod, wie willkommen ist dein Machtspruch einem Menschen, der Mangel leidet und keine Kraft mehr hat, für den Altersschwachen und mit Sorgen Überlasteten, auch für den, der in Verzweiflung ist und die Widerstandskraft verloren hat!

3 Fürchte dich nicht vor dem Machtspruche des Todes, denke an deine Vorfahren und Nachkommen: Dieser Machtspruch ergeht vom Herrn an die ganze Menschheit.

4 Warum sträubst du dich also gegen den Willen des Höchsten? Seien es zehn, seien es hundert oder tausend Jahre: – in der Unterwelt gibt es keine Klage über die Lebensdauer.

Das Schicksal der Gottlosen

5 Abscheuliche Kinder werden die Kinder von Sündern, die da sich umhertreiben in den Wohnungen der Gottlosen.

6 Den Kindern von Sündern geht ihr Erbe verloren, und bei ihren Nachkommen weilt immerdar die Schande.

7 Einen gottlosen Vater verfluchen seine Kinder, denn um seinetwillen werden sie verachtet.

8 Wehe euch, ihr gottlosen Männer, die ihr das Gesetz des Höchsten verlassen habt!

9 Wenn ihr geboren werdet, werdet ihr zum Fluch geboren, und wenn ihr sterbt, erlangt ihr den Fluch als euer Teil.

10 Alles, was von der Erde ist, kehrt zur Erde zurück, ebenso die Gottlosen vom Fluch ins Verderben.

Der gute Name

11 Die Trauer der Menschen bezieht sich auf ihren Leib, aber der schlechte Name der Sünder wird ausgetilgt.

12 Sei besorgt um deinen (guten) Namen, denn dieser bleibt dir sicherer als tausend kostbare Schätze Goldes.

13 Die Tage eines guten Lebens sind gezählt, aber ein guter Name bleibt ewiglich.

Abschluß der Darlegung

14 Verborgene Weisheit und vergrabener Schatz – was nützen sie beide?

15 Besser ein Mensch, der seine Torheit verbirgt, als ein Mensch, der seine Weisheit verbirgt (oder geheimhält).

Rechte und falsche Scham

16 Vernehmt die Unterweisung über die Schamhaftigkeit, ihr Kinder, und schämt euch nach meiner Darlegung; denn nicht jegliches

Schamgefühl ist lobenswert, und nicht jedes Sich-Schämen ist lobenswert.

17 Schämt euch vor Vater und Mutter der Unzucht, und der Lüge vor dem Fürsten und Gewalthaber,

18 vor dem Herrn und der Herrin des Betrugs und vor der Gemeinde und dem Volke der Gesetzwidrigkeit, vor einem Gefährten und Freunde des Treubruchs,

19 und vor der Ortschaft, wo du als Fremdling wohnst, des Diebstahls. Schäme dich, einen Eid und Vertrag zu brechen, und davor, den Ellbogen auf das Brot (oder beim Mahle) aufzustemmen, vor schweren Vorwürfen in bezug auf Soll und Haben,

20 auch davor, einem Grüßenden mit Stillschweigen zu dienen, einer Dirne Blicke zuzuwerfen und eine verheiratete Frau anzusehen,

21 dich von einem Volksgenossen kalt abzuwenden, die Verteilung von Portionen und Gaben einzustellen

22 und mit deiner Magd dich abzugeben – nein, tritt an ihr Bett nicht nahe heran! – Schäme dich auch vor Freunden wegen schmähender Worte und führe keine kränkenden Reden, nachdem du sie beschenkt hast.

23 Schäme dich der Weitergabe eines Gerüchts, das du vernommen hast, und des Verrats geheimer Mitteilungen;

24 so wirst du in Wahrheit schamhaft sein und dich bei jedermann beliebt machen.

42. Kapitel

Angabe von Vornahmen und Dingen, deren man sich nicht zu schämen braucht

1 Jedoch wegen folgender Dinge sollst du dich nicht schämen und auf niemand Rücksicht nehmen dir zur Versündigung:
2 wegen des Gesetzes des Höchsten und seiner Satzungen und wegen der Rechtsprechung, daß du den Gottlosen gerecht sprächest; [den Gottesfürchtigen bei Recht zu erhalten (30) den Gottlosen zu bestrafen (31)]
3 wegen der Rede (oder Abrechnung) mit Genossen und Reisegefährten und wegen der Auszahlung einer von Genossen herrührenden Erbschaft; [nicht dafür, mit dem Nächsten und Gefährten Kosten auf Heller und Pfennig abzurechen, noch dafür, das Erbteil anderer zu verteilen (32)]
4 wegen der Richtigkeit von Waage und Gewichten (und wegen des Abstäubens der Waagschalen und der Schnellwaage und wegen des Abreibens des Epha (33) und der Gewichtsteine); und wegen des Erwerbs von vielem oder wenigem, [fleißig sein; rechtes Maß

und Gewicht zu halten; zufrieden sein, du gewinnest viel oder wenig (34)]

5 wegen des gleichmäßigen Preises beim Kauf und Verkauf und wegen strenger Kinderzucht und wegen Blutigschlagens des Rückens eines bösen Knechts.

6 Für ein böses Weib gehört sich die Verwendung eines Türschlosses (oder Siegels), und wo viele Hände tätig sind, da schließe zu,

7 Was du herausgibst (oder hinterlegst?), sei gezählt und gewogen, und Ausgabe und Einnahme, alles sei schriftlich!

8 Schäme dich nicht wegen der Zurechtweisung eines Unverständigen und Toren und eines abgelebten Alten, der mit jungen Leuten im Wortwechsel liegt, [die Unverständigen und Toren unterweisen, auch die gar alten Leute, daß sie nicht mit den jungen hadern. (35)] so wirst du wahrhaft gebildet sein und bewährt (oder gesittet) nach dem Urteil aller Lebenden.

9 Eine Tochter ist für den Vater eine heimliche Beunruhigung, und die Sorge um sie verscheucht ihm den Schlaf: in ihrer Jugend, daß sie nicht verblühe, und ist sie verheiratet, daß sie nicht mißliebig werde;

10 in ihrer Mädchenzeit, daß sie sich nicht verführen lasse und im Vaterhause schwanger werde, wenn sie aber mit einem Gatten lebt, daß sie sich nicht vergehe, und verheiratet, daß sie nicht kinderlos bleibe.

11 Über eine leichtfertige Tochter halte strenge Wacht, daß sie dich nicht zur Schadenfreude deiner Feinde mache, zum Stadtgespräch und zum Verlästerten unter den Leuten und dich in Schande bringe in der Versammlung am Tore. (An dem Zimmer, wo sie wohnt, darf kein Fenster sein und zu dem Raume, wo sie übernachtet, kein Zugang ringsum).

12 Vor keinem Manne darf sie sich sehen lassen, und im Kreise von Weibern soll sie nicht vertraulich schwatzen;

13 denn von den Kleidern kommt die Motte her, und von dem einen Weibe die Schlechtigkeit des andern.

14 Besser ist die Unliebenswürdigkeit des Mannes als ein schöntuendes Weib, und eine schandbare Tochter verursacht Schande über Schande.

Siebenter Teil:
Lobpreis Gottes
ob seiner Bezeugung in Natur und Geschichte

15 Gedenken will ich nun der Werke des Herrn und darlegen, was ich gesehen habe. Durch das Wort des Herrn sind seine Werke (und die von ihm belebte Schöpfung nach seiner Bestimmung).

16 Die helleuchtende Sonne strahlt über dem All und die Herrlichkeit des Herrn über allen seinen Werken.

17 Nicht hat der Herr den heiligen (Engeln) die Gabe verliehen, alle seine Wunderwerke aufzuzählen, die er, der allmächtige Herr, mit Kraft ausgestattet hat, daß das Weltall durch seine Herrlichkeit festen Bestand habe.

18 Den Abgrund und die Herzen erforscht er und durchschaut alle ihre Anschläge; denn der Höchste kennt alles Wissen und hat die Vorzeichen der Ewigkeit vor Augen.

19 Das Vergangene und das Zukünftige tut er kund und enthüllt den Befund verborgener Dinge;

20 ihm entgeht kein Gedanke, und kein einziges Vorkommnis bleibt ihm verborgen.

21 Die Wunderwerke seiner Weisheit hat er wohl geordnet (oder fest gegründet) und so, daß sie von Ewigkeit bis in Ewigkeit bestehen; nichts ist hinzugefügt worden und nichts hinweggenommen, und keines Ratgebers hat er bedurft.

22 Wie lieblich sind alle seine Werke! ja wie Blumen sind sie anzuschauen.

23 Sie alle leben und sind von ewiger Dauer, und für jedweden Zweck steht ihm alles zu Diensten.

24 Alle Dinge sind verschieden, eines gegenüber dem andern, doch nichts Überflüssiges hat er geschaffen:

25 jedes bildet eine treffliche Ergänzung zum andern, und wer kann sich satt sehen an seiner Pracht?

43. Kapitel

Die Werke Gottes. Er ist alles!

1 Der Stolz (oder die Pracht) in der Höhe ist das durchsichtige Himmelsgewölbe, die Erscheinung des Himmels ein herrlicher Anblick.
2 Die Sonne strahlt beim Aufgang Wärme aus: wie wunderbar ist das Werk des Höchsten!
3 Durch ihre Mittagsglut trocknet sie den Erdkreis aus: wer vermag ihrer Hitze gegenüber standzuhalten?
4 Den Schmelzofen bläst man an bei Werken der Feuerglut, aber dreimal mehr setzt die Sonne die Berge in Brand; feurige Dünste entfacht sie, und lichte Strahlen entsendend, blendet sie die Augen.
5 Ja, groß ist der Herr, der sie geschaffen hat, und auf sein Geheiß durcheilt sie ihre Bahn.
6 Und auch der Mond erstrahlt immerdar zu seinen Zeiten zur Bestimmung der Zeiten und als ein ewiges Zeichen.
7 Vom Monde kommt die Festsetzung der Festzeiten; eine Leuchte ist er, die abnimmt, wenn er voll geworden ist.

8 Der Monat ist nach ihm benannt, er nimmt wunderbar zu in seinem Wechsel; als Feldzeichen für die Heerscharen in der Höhe erstrahlt er am festen Himmelsgewölbe.

9 Des Himmels Schönheit ist die Pracht der Sterne, ein strahlender Schmuck in den Himmelshöhen Gottes.

10 Nach dem Geheiß des Heiligen stehen sie da in fester Ordnung und werden nicht müde in ihrem Wachtdienst.

11 Schau den Regenbogen an und preise seinen Schöpfer! denn überaus herrlich ist er in seiner Farbenpracht;

12 das Himmelsgewölbe umzieht er mit seinem Strahlenkreise; die Hand des Höchsten hat ihn ausgespannt mit Allmacht.

13 Seine Allmacht entflammt Blitze und läßt Brandpfeile fliegen, wenn er richtet.

14 Für ihre Verwendung hat er eine Rüstkammer geschaffen, und die Wolken fliegen hervor wie Vögel.

15 Durch seine gewaltige Kraft verdichtet er das Gewölk, und Hagelsteine fallen zerbröckelt herab.

16 Der Hall seines Donners macht die Erde erbeben, und durch sein Erscheinen geraten die Berge ins Wanken.

17 Nach seinem Willen erbraust der Südwind und der Sturm aus dem Norden und der Wirbelwind; wie Vögel, die herniederfliegen, schüttelt er den Schnee hin, und wie

Heuschrecken, die sich niederlassen, ist sein Herabfallen;

18 seine weiße Pracht blendet die Augen, und über sein Gestöber staunt das Herz.

19 Auch den Reif schüttet er wie Salz über die Erde aus, und gefroren wird er zu Nadelspitzen.

20 Läßt er den kalten Nordwind wehen, so gefriert das Wasser zu Eis; über jedes stehende Gewässer zieht er eine Decke, und wie in einen Panzer hüllt sich der Teich.

21 Wiederum versengt er den Ertrag der Berge wie dörrende Hitze und die sprossenden Auen wie eine Feuerflamme.

22 Heilung für alles bringt das Geträufel der Wolken; Tau tritt ein und schafft Erquickung nach dem Glutwind.

23 Durch seine Überlegung hat er das Weltmeer zur Ruhe gebracht und die Inseln in der Flut gegründet.

24 Die Seefahrer erzählen von der Ausdehnung des Meeres; da staunen wir über das, was wir zu hören bekommen.

25 Dort sind auch die wundersamen und erstaunlichen Geschöpfe, Getier der mannigfachsten Art und die Ungeheuer der Walfische.

26 Für ihn bringen die Engel ihr Werk zustande, und nach seinem Geheiß vollführen sie seinen Willen.

27 Noch vieles könnten wir anführen und würden doch nicht zu Ende kommen, und der

Schluß der Rede würde immer sein: 'Er ist alles!'

28 Ihm zu preisen, wie vermöchten wir es? er ist ja größer als alle seine Werke.

29 Verehrungswürdig ist der Herr über alle Maßen, und wunderbar ist seine Macht.

30 Erhebt den Herrn mit Lobpreis, so hoch ihr könnt: er ist doch immer noch erhabener! Bietet für euren Lobpreis immer neue Kraft auf und werdet nicht müde: ihr erreicht ihn (oder es) doch nicht völlig.

31 Wer hat ihn gesehen, daß er davon erzählen könnte? und wer kann ihn preisen, wie er ist?

32 Vieles gibt es, was noch wunderbarer und unbegreiflicher ist als dieses, denn nur weniges haben wir von seinen Werken gesehen.

33 Alles hat ja der Herr geschaffen, und den Frommen hat er Weisheit verliehen.

44. Kapitel

Lob der Erzväter:
des Henoch, Noah, Abraham, Isaak, Jakob.

1 Preisen will ich nun die frommen Männer, unsere Väter nach ihren Geschlechtern.

2 Viel Ehre hat der Herr ihnen zugeteilt, nämlich seine Herrlichkeit von der Urzeit her:

3 nämlich Beherrscher der Erde in ihren Königreichen und Männer, berühmt durch ihre Macht, die Rat erteilten durch ihre Einsicht, die

Auskunft gaben durch ihre Weissagungen,

4 Führer von Völkern durch Ratschläge und Einsicht und Fürsten durch ihren Scharfblick,

5 die Lieder ersannen nach den Regeln und Sprüche schriftlich bekannt machten,

6 reiche Männer, ausgestattet mit Macht und ruhig in ihren Wohnstätten lebend:

7 alle diese waren zu ihrer Zeit hochgeehrt, und solange sie lebten, bestand ihr Ruhm.

8 Manche von ihnen haben einen Namen hinterlassen, so daß man ihre Ruhmestaten erzählt;

9 aber an manche von ihnen ist kein Andenken hinterblieben, sondern sie sind untergegangen, als wären sie nie gewesen; sie wurden, als wären sie nie geboren, und ebenso ihre Kinder nach ihnen.

10 Aber dieses sind die frommen Männer, deren gerechtes Tun nicht in Vergessenheit geraten ist;

11 bei ihren Nachkommen verbleibt der Segen und ihr Erbe bei ihren Kindeskindern.

12 Im Bunde verharrt ihr Geschlecht und ihre Kinder um ihretwillen;

13 auf ewig bleibt ihr Gedächtnis bestehen, und ihr Ruhm wird nie vergessen.

14 Ihre Leiber wurden in Frieden bestattet, aber ihr Name lebt fort bis in die fernsten Geschlechter.

15 Von ihrer Weisheit erzählt die

Volksgemeinde, und ihr Lob verkündet die Versammlung.

16 Henoch wandelte mit Gott und ward entrückt, ein Vorbild der Sinnesänderung für seine Zeitgenossen.

17 Der gerechte Noah wurde als untadelig erfunden, zur Zeit des Zornes wurde er der Stammvater; um seinetwillen blieb ein Überrest, und infolge des Bundes mit ihm hörte die Flut auf.

18 Ein ewiger Bund wurde mit ihm geschlossen, daß nicht (nochmals) alles Fleisch durch eine Flut vertilgt werden sollte.

19 Abraham wurde zum großen Vater einer Menge von Völkern, und niemals ist jemand an Ehre ihm gleich erfunden worden;

20 er war's, der das Gebot des Höchsten hielt und in einen Bund mit ihm trat; an seinem Fleische bestätigte er den Bund, und in der Versuchung ward er treu erfunden.

21 Darum verhieß Gott ihm mit einem Eide, daß die Völker durch seine Nachkommenschaft gesegnet werden sollten, nämlich ihn zahlreich zu machen wie den Staub der Erde, und wie die Sterne seine Nachkommenschaft zu erhöhen und ihnen Landbesitz zu verleihen von einem Meer bis zum andern und vom Euphratstrom bis ans Ende der Erde.

22 Auch dem Isaak gab er dieselbe Verheißung um Abrahams, seines Vaters, willen,

nämlich den Segen für alle Menschen und den Bund,

23 und ließ endlich den Segen ruhen auf dem Haupte Jakobs. Er erkannte ihn als einen Erstgeborenen an und gab ihm (das Land) zum Erbbesitz; er sonderte es in seine Gebiete, die er unter die zwölf Stämme verteilte.

45. Kapitel

Von Mose, Aaron und Pinehas.

1 Und er ließ aus ihm einen (frommen) Mann hervorgehen, der Gnade fand in den Augen aller Lebenden, geliebt von Gott und den Menschen, Mose, dessen Andenken gesegnet ist.

2 Er verherrlichte ihn wie einen Gott und machte ihn groß durch furchtbare Taten (an den Feinden).

3 Auf sein Geheiß ließ er schnell die Zeichen geschehen und machte ihn beherzt vor dem Könige. Befehle erteilte er ihm an das Volk und ließ ihn seine Herrlichkeit schauen.

4 Wegen seiner Treue und seiner Sanftmut erwählte er ihn aus allen Menschenkindern;

5 er ließ ihn seine Stimme hören und ließ ihn in das Wolkendunkel treten und legte ihm (vor seinem Angesicht) die Gebote in die Hand, das Gesetz des Lebens und der Einsicht, daß er

Jakob seinen Bund lehre und die Israeliten seine Rechte und Satzungen.

6 Und ebenso wie ihn erhöhte er einen Heiligen, nämlich Aaron (seinen Bruder) aus dem Stamme Levi.

7 Er bestellte ihn zu einem Amte von ewiger Dauer und verlieh ihm das Priestertum im Volk, daß er ihm in Segen diene. Er verherrlichte ihn mit seiner Pracht und umgürtete ihn mit herrlicher Pracht;

8 er ließ ihn den ganzen Schmuck anlegen und zierte ihn mit der prächtigen Kleidung, mit den Beinkleidern, dem Leibrock und Schulterkleid.

9 Und er brachte daran rings Granatäpfel (aus Gold) an, Glöckchen in Menge ringsum, die einen lieblichen Klang erschallen ließen bei seinen Schritten, um ihren Ton im Tempel hören zu lassen, damit der Kinder seines Volkes gnädig gedacht würde,

10 mit der heiligen Gewandung aus Gold und Purpurblau und Purpurrot, in Kunstwirkarbeit, mit dem Brustschild des Urteilsspruches, den Urim und Thummim, mit dem gewobenen Karmesin, in Weberarbeit,

11 mit den Edelsteinen, graviert wie Siegelringe, in der Einfassung von Gold, der Arbeit des Steinschneiders, zur Erinnerung mit eingegrabener Schrift, entsprechend der Zahl der Stämme Israels;

12 dazu die goldene Krone oben am Kopfbund mit der eingeschnittenen Inschrift 'dem Herrn

geheiligt', ein herrlicher Schmuck, ein Werk der Pracht, eine Wonne für die Augen und die vollkommenste Schönheit.

13 Vorher gab es nichts derartiges, und bis in Ewigkeit darf kein anderer es anlegen, sondern nur einer von seinen Söhnen und dessen Nachkommen nach ihren Geschlechtern.

14 Sein Speisopfer geht gänzlich in Rauch auf, alltäglich als ständiges zweimal.

15 Und Mose füllte seine Hand und salbte ihn mit dem heiligen Öl; und so wurde ihm eine Dienstleistung für alle Zukunft auferlegt und seinen Nachkommen, solange der Himmel steht, daß er ihm dienen und (zugleich) Priester sein solle und sein Volk in seinem Namen segnete.

16 Er erwählte ihn aus allen Lebenden, um (dem Herrn) das Brandopfer und die Fettsstücke darzubringen, Rauchwerk und Wohlgeruch als Erinnerungsopfer, und Sühne für sein Volk zu erwirken.

17 Und er gab ihm seine Gebote und übertrug ihm die oberste Entscheidung über das Gesetz und das Recht, um Jakob seine Zeugnisse zu lehren und Israel in seinem Gesetz zu unterweisen.

18 da traten Fremdlinge wider ihn auf und waren eifersüchtig auf ihn in der Wüste, die Anhänger Dathans und Abirams und die Rotte Korahs, in grimmigem Zorn.

19 Der Herr aber sah es und geriet in Zorn und vertilgte sie in seines Zornes Glut; er vollbrachte

an ihnen Wunderzeichen und verzehrte sie durch flammendes Feuer.

20 Dem Aaron aber mehrte er noch die Ehre und gab ihm seinen Erbbesitz: die Erstlinge der Felderzeugnisse teilte er ihm zur Nahrung zu und hieß ihn die Opfer des Herrn essen;

21 die Schaubrote sind sein Anteil und ein Geschenk für ihn und seine Nachkommen.

22 Jedoch am Landbesitz des Volkes soll er kein Erbteil haben und inmitten des Volkes keinen Erbbesitz verteilen; denn der Herr selbst ist sein Anteil und sein Erbbesitz unter den Kindern Israel.

23 Und auch Pinehas, der Sohn Eleasars, erlangte als dritter Ehre durch seine Tatkraft, weil er eiferte für den Gott des Alls und für sein Volk in den Riß trat, weil sein Herz ihn dazu antrieb und er Sühne für Israel erwirkte.

24 Darum setzte er auch für ihn eine Rechtsbestimmung fest, einen Friedensbund, daß er Vorsteher des Heiligtums (und seines Volkes) sein sollte, daß ihm und seinen Nachkommen das Hohepriestertum gehören sollte auf ewige Zeiten.

25 Es bestand aber auch eine Bundesverheißung mit David, dem Sohne Isais, aus dem Stamme Juda: das Erbe des Königs solle einem von seinen Söhnen allein zufallen, ebenso das Erbe Aarons ihm und seinen Nachkommen. (Darum preiset den gütigen Herrn, der euch mit Ehre bekleidet hat!)

26 Er gebe euch Weisheit des Herzens, sein Volk mit Gerechtigkeit zu richten, damit euer Glück nicht aufhöre und eure Herrschaft bis in die fernsten Zeiten bestehe.

46. Kapitel

Von Josua und Kaleb, den Richtern und Samuel.

1 Ein Kriegsheld war Josua, der Sohn Nuns, der Diener Mose's im Prophetenamt, der geschaffen war, um seinem Namen Ehre zu machen als eine große Hilfe für seine Auserwählten, um Rache zu nehmen an den Feinden (die sich gegen ihn erhoben), und um Israel zu seinem Erbbesitz zu verhelfen.

2 Wie herrlich war er, wenn er die Hand ausstreckte, wenn er die Lanze schwang wider eine Stadt!

3 Wer hätte jemals vor ihm standhalten können? er hat ja die Kriege Gottes geführt.

4 Stand nicht auf seinen Wink die Sonne still, und wurde nicht ein Tag zu zweien?

5 Er rief zu Gott, dem höchsten Herrscher, als die Feinde ihn ringsum bedrängten, und es erhörte ihn Gott, der Allerhöchste,

6 mit Hagelsteinen und Eisstücken, die er auf das feindliche Volk herabschleuderte; und an dem Abstiege vernichtete er die Gegner, damit alle dem Banne geweihten Völker die Erkenntnis

erlangten, daß seine Kriegführung vor dem Herrn stattfinde, denn er leistete dem Herrn vollkommenen Gehorsam.

7 Auch schon in den Tagen Mose's hatte er Frömmigkeit bewiesen, er und Kaleb, der Sohn Jephunnes, indem sie fest auftraten gegen die hadernde Gemeinde, um das Volk vor Versündigung zu behüten und das böse Gerede zu beschwichtigen.

8 Darum wurden auch diese zwei am Leben erhalten von sechshunderttausend Mann zu Fuß, damit er sie in das Erbland hineinbrächte, in das Land, das von Milch und Honig fließt.

9 Und er verlieh dem Kaleb Stärke – und bis ins Greisenalter verblieb sie ihm – um ihn auf die Höhen des Landes ziehen zu lassen; auch seine Nachkommen hatten das Erbe in Besitz.

10 Alle Israeliten sollten eben zu der Erkenntnis gelangen, daß es gut sei, dem Herrn Gehorsam zu leisten.

11 Und die Richter, ein jeder nach seinem Namen, sie alle, deren Herz nicht abtrünnig ward und die vom Herrn nicht abwichen: ihr Gedächtnis sei gepriesen!

12 Ihre Gebeine mögen von ihrer Stätte emporsprossen und ihr Name sich verjüngen in ihren (ruhmbedeckten) Söhnen!

13 Geehrt von seinem Volke und geliebt von seinem Schöpfer war der vom Mutterschoß an Erbetene, der dem Herrn Geweihte im Prophetenamt: Samuel, der als Richter und als

Priester waltete. Auf Gottes Befehl richtete er das Königtum auf und salbte Fürsten über das Volk.

14 Nach dem Gebot des Herrn richtete er die Gemeinde, und der Herr suchte Jakob gnädig heim.

15 Wegen seiner Zuverlässigkeit bewährte er sich als Prophet, und durch seine Aussprüche erwies er sich als zuverlässiger Seher.

16 Auch er rief zum Herrn (dem Herrscher), als die Feinde ihn ringsum bedrängten, indem er ein Milchlamm darbrachte.

17 Da donnerte der Herr vom Himmel her und ließ seine Stimme mit gewaltigem Krachen erschallen;

18 er vernichtete die feindlichen Feldherren und alle Fürsten der Philister.

19 Und zur Zeit, als er sich zur (ewigen) Ruhe auf sein Lager niederlegte, rief er den Herrn und seinen Gesalbten als Zeugen an: 'Geld und auch nur ein Paar Schuhe habe ich von niemand angenommen'; und kein Mensch legte Zeugnis gegen ihn ab.

20 Ja, sogar nach seinem Entschlafen ließ er sich befragen und tat dem Könige sein Schicksal kund und erhob seine Stimme aus der Erde, um (durch Weissagung) die Sünde des Volkes zu tilgen.

47. Kapitel

*Von den Königen
David, Salomo, Rehabeam und Jerobeam.*

1 Nach ihm trat auch Nathan auf, um zur Zeit Davids zu weissagen.

2 Wie das Fett abgehoben wird vom Opfer, so war David abgesondert von den Israeliten.

3 Mit Löwen spielte er wie mit Böcklein und mit Bären wie mit Schaflämmern.

4 In seiner Jugend erschlug er den Riesen und entfernte die Schmach von seinem Volke, indem er seine Hand mit der Schleuder schwang und den Hochmut Goliaths niederwarf.

5 Denn er hatte den Herrn, den Allerhöchsten, um Hilfe angerufen, und der hatte seiner Rechten Kraft verliehen, daß er den kriegserfahrenen Mann niederstreckte und das Horn seines Volkes erhöhte.

6 Darum sangen ihm zu Ehren die Mädchen und rühmten ihn um seiner Zehntausend willen (36); als er sich die Krone aufgesetzt hatte, führte er Kriege,

7 demütigte ringsum die Feinde und vernichtete die feindlichen Philister: bis auf den heutigen Tag zerbrach er ihr Horn.

8 Bei all seinem Tun brachte er Dank dar dem Heiligen; Gott dem Allerhöchsten lobsang er mit Ruhmesworten und liebte seinen Schöpfer mit

ganzem Herzen und pries ihn alle Tage in seinen Liedern.

9 Auch ließ er Psalmensänger vor dem Altar Aufstellung nehmen und von ihren Stimmen liebliche Lieder ertönen; so lobten sie ihn tagtäglich mit ihren Gesängen.

10 Er verlieh den Festen Glanz und stattete die Festzeiten mit voller Pracht aus, indem jene seinen heiligen Namen priesen und das Heiligtum vom frühen Morgen an davon widerhallte.

11 Da vergab ihm der Herr auch seine Sünde(n) und erhöhte sein Horn auf ewig; er verlieh ihm die Rechte des Königtums und stellte seinen Thron über Israel fest.

12 Nach ihm trat ein weiser Sohn auf und wohnte um seinetwillen auf weitem Plane.

13 Salomo herrschte als König in Friedenszeiten, da Gott ihm Ruhe auf allen Seiten verschaffte, auf daß er seinem Namen ein Haus errichtete und für immer ein Heiligtum gründete.

14 Wie weise warst du schon in deiner Jugend und flossest von Einsicht über wie der Nilstrom!

15 Die Erde umspanntest du mit deinem Geiste und fülltest sie an mit Rätselsprüchen.

16 Bis zu den fernsten Inseln drang dein Name, und du wurdest geschätzt ob deiner Friedensliebe.

17 Durch Lieder, Sprüche, Gleichnisse und Deutungen setztest du die Länder in Staunen.

18 Du wurdest benannt nach dem Namen des

Hochgepriesenen, der da heißt der Gott Israels, und häuftest Gold auf wie Eisen (oder Zinn) und erwarbst Silber in Menge wie Blei.

19 Doch du gabst deine Lenden den Weibern preis und ließest sie herrschen über deinen Leib;

20 so brachtest du einen Schandfleck auf deinen Ruhm und schändetest dein Lager, so daß du Zorn über deine Sprößlinge brachtest und Seufzen über dein Geschlecht,

21 so daß die Herrschaft sich spaltete und aus Ephraim ein aufrührerisches Reich hervorging.

22 Aber Gott wird sein Erbarmen nicht aufgeben und keine von seinen Verheißungen unerfüllt lassen; er wird auch nicht die Sprossen seines Auserwählten vertilgen und das Geschlecht dessen, der ihn liebte, nicht ausrotten. Nein, er hat Jakob einen Rest gelassen und dem David von ihm her einen Wurzelschoß.

23 Als Salomo aber sich bei seinen Vätern zur Ruhe gelegt hatte, hinterließ er aus seinem Geschlecht einen Sohn, reich an Torheit und arm an Einsicht, Rehabeam, der durch seinen Entscheid das Volk zum Abfall brachte; und Jerobeam stand auf, der Sohn Nabats, der Israel zur Sünde verführte und Ephraim den Weg der Versündigung wies,

24 so daß er ihre Wegführung aus ihrem Lande verschuldete und ihre Sünden sich gewaltig mehrten.

25 Jeglicher Bosheit gaben sie sich hin, (bis das Strafgericht über sie kam),

48. Kapitel

Von Elia, Elisa, dem König Hiskia und Jesaja.

1 bis ein Prophet wie Feuer auftrat und sein Wort wie eine Fackel brannte.
2 Er ließ eine Hungersnot über sie kommen und minderte ihre Zahl durch seinen Eifer;
3 durch das Wort Gottes verschloß er den Himmel, und (ebenso) ließ er dreimal Feuer niederfallen.
4 Wie herrlich warst du, Elia, (durch deine Wundertaten)! Ja, wer dir gleich ist, mag sich dessen rühmen, –
5 du hast ja einen Verstorbenen aus dem Tode auferweckt und aus der Unterwelt mit Einwilligung des Höchsten;
6 du hast Könige in die Grube hinabgestürzt und Hochgeehrte von ihrem Krankenbett weggerafft;
7 du hast auf dem Sinai die Zurechtweisung vernommen und auf dem Horeb die Urteilssprüche der Rache;
8 du hast Könige gesalbt, um Vergeltung zu üben, und einen Propheten als Nachfolger für dich;

9 du bist entführt worden im Gewitter nach oben auf einem Wagen mit Feuerrossen;

10 du bist, wie geschrieben steht, in Bereitschaft für die bestimmte Zeit, um den göttlichen Zorn zu beschwichtigen, bevor er entbrennt, um das Herz der Väter den Kindern wieder zuzuwenden und die Stämme Jakobs wiederherzustellen.

11 Heil denen, die dich gesehen haben und mit Liebe geschmückt sind! denn wir, wir werden gewißlich leben.

12 Als Elia durch einen Sturm in den Himmel entrückt war, wurde Elisa mit seinem Geist erfüllt. Doppelt so viele Zeichen tat er, und lauter Wunder gingen aus seinem Munde hervor. Solange er lebte, zitterte er vor keinem (Fürsten), und kein Mensch hatte Gewalt über ihn.

13 Keine Sache war für ihn unmöglich, und noch von seiner Grabstätte aus weissagte sein Leichnam.

14 Bei seinen Lebzeiten vollbrachte er Wunder und bei seinem Tode die erstaunlichsten Taten.

15 Bei alledem bekehrte das Volk sich nicht, und sie ließen von ihren Sünden nicht ab, bis sie aus ihrem Lande herausgerissen und über die ganze Erde zerstreut wurden; und es blieb von Juda nur ein wenig Volk übrig und ein Fürst vom Hause Davids.

16 Manche von ihnen handelten recht, andere aber verübten Treubruch.

17 Hiskia befestigte seine Stadt, indem er Wasser in sie hineinleitete; er ließ die Felsen mit Erz durchhauen und legte Teiche für das Wasser an.

18 Zu seiner Zeit zog Sanherib herauf und sandte den Rabsake ab; der kam und streckte seine Hand gegen Zion aus und lästerte Gott in seinem Übermut.

19 Damals erbebten ihre Herzen und ihre Hände, und sie wanden sich in Schmerzen wie Frauen in Geburtsnöten;

20 und sie riefen zu Gott, dem Erbarmer, und streckten die Hände zu ihm aus; da erhörte der Heilige vom Himmel her schnell ihr Gebet und errettete sie durch Jesaja.

21 Er schlug das Heerlager der Assyrer, und sein Engel vernichtete sie durch die Pest.

22 Denn Hiskia hatte getan, was dem Herrn wohlgefiel, und war unverrückt in den Wegen Davids gewandelt, die ihm Jesaja geboten hatte, der große Prophet und zuverlässige Seher.

23 In seinen Tagen ging die Sonne zurück, und er verlängerte dem Könige das Leben.

24 Gewaltigen Geistes schaute er die Endzeit und tröstete die Trauernden in Zion.

25 Bis in Ewigkeit verkündigte er das Künftige und das Verborgene, ehe es eintrat.

49. Kapitel

Von Josia, Jesaja und den Königen in Juda, mehreren Propheten, berühmten Männern und Erzvätern.

1 Der Name Josias ist wie wohlriechender Weihrauch, der wohlgemischt ist, das Werk des Salbenbereiters; in jedermanns Munde ist er süß wie Honig und wie Musik (oder Gesang) beim Weingelage.
2 Denn er grämte sich über unsere Abtrünnigkeit und machte den nichtigen Götzengräueln ein Ende;
3 er gab sein Herz völlig dem Herrn hin und festigte die Frömmigkeit in der Zeit der Gottlosigkeit.
4 Außer David und Hiskia und Josia haben sie alle verderbt gehandelt; sie haben alle das Gesetz des Höchsten verlassen, die Könige von Juda, bis es mit ihnen zu Ende war;
5 und sie hatten ihre Macht einem andern übergeben und ihre Ehre einem fremden Volke.
6 Die zündeten die (auserwählte) Stadt des Heiligtums an und machten die Straßen öde, die zu ihr hinführten,
7 um Jeremias willen; denn sie hatten ihn mißhandelt, und er war doch vom Mutterschoße an zum Propheten bestimmt, um auszureißen, zu verderben und zu vernichten, aber ebenso auch zu bauen, zu pflanzen und wiederherzustellen.
8 Ezechiel sah ein Gesicht (der Herrlichkeit),

das Gott ihn schauen ließ auf dem Wagen (der Kerube).

9 Und ich will auch Hiobs gedenken, der alle Wege der Gerechtigkeit innehielt,

10 und auch der zwölf Propheten – mögen ihre Gebeine wieder Sprossen treiben an ihrer Stätte! - sie, die Jakob wieder gesund gemacht und ihn wieder hergestellt haben durch feste Hoffnung.

11 Wie sollen wir Serubabel preisen, der da war wie ein Siegelring an der rechten Hand?

12 Und ebenso Josua, den Sohn Jozadaks, die zu ihrer Zeit das Gotteshaus erbauten und dem Herrn den heiligen Tempel aufführten, der zu ewiger Herrlichkeit bestimmt ist.

13 Auch Nehemia – sein Gedächtnis stehe in Ehren! – er, der uns die zerfallenen Mauern wiederhergestellt und Tore nebst Riegeln wiedereingesetzt hat.

14 Wenige sind auf Erden geschaffen worden wie Henoch, er war es ja auch, der von der Erde entrückt wurde.

15 Auch ist kein Mann geboren worden wie Joseph, der Fürst seiner Brüder, die Stütze seines Volkes – sogar seine Gebeine wurden sorgfältig geborgen.

16 Auch Sem und Seth und Enos haben unter den Menschen in Ehren gestanden; doch über allen, die je in der Welt gelebt haben, steht der Ruhm Adams.

50. Kapitel

*Lob des Hohenpriesters Simon.
Dankgebet und Schluß des Buches.*

1 Der größte unter seinen Brüdern und der Stolz seines Volkes war der Hohepriester Simon, der Sohn des Onias, der zu seiner Zeit das Gotteshaus ausbesserte und in seinen Tagen den Tempelplatz befestigte,
2 zu dessen Zeit die Mauer gebaut wurde, die Ecktürme und die Umfassungsmauer des Heiligtums;
3 in dessen Tagen der Teich gegraben wurde, ein Wasserbecken wie ein Meer mit seiner Fülle;
4 der für sein Volk sorgte gegen die Räuberei und die Hauptstadt gegen Belagerung befestigte.
5 Wie herrlich war er beim Umzug des Volkes,
6 wenn er hinter dem Vorhang (des Tempels) hervortrat! wie der Morgenstern zwischen Wolken hervor und wie der Vollmond an den Tagen des Festes;
7 wie die Sonne, die auf den Tempel des Höchsten herabscheint, und wie der Regenbogen, der im Gewölk sichtbar wird;
8 wie eine Rosenblüte in der Frühlingszeit und wie Lilien an Wasserläufen; wie die Pflanzenpracht des Libanon zur Sommerzeit
9 und wie das Weihrauchfeuer über der Räucherpfanne; wie ein goldenes Gefäß ganz in

getriebener Arbeit, geziert mit allerlei Edelgestein;

10 wie ein Ölbaum, der mit Früchten prangt, und wie eine Zypresse, die zu den Wolken emporragt.

11 Wenn er die Ehrengewänder anlegte und in den ganzen Schmuck sich kleidete; wenn er hinaufstieg zum heiligen Vater und den Vorhof des Heiligtums verherrlichte

12 wenn er die Fleischstücke aus der Hand Brüder nahm und er selbst an der Feuerstelle des Altars stand, rings um ihn der Kranz seiner Söhne wie Zedernschößlinge auf dem Libanon, und ihn umringten wie Weiden am Bach

13 alle Söhne Aarons in ihrem Schmuck und die Feueropfer des Herrn waren in ihren Händen vor der ganzen Gemeinde Israel,

14 bis er den Dienst am Altar vollständig besorgt und die Holzstöße des Höchsten geschichtet hatte

15 und er seine Hand nach der Opferschale ausstreckte und die Spende von Traubenblut darbrachte und sie an den Untersatz des Altars ausgoß zum lieblichen Wohlgeruch für den Höchsten, den Allkönig: –

16 dann stießen die Söhne Aarons in die Trompeten von getriebener Arbeit; sie bliesen und ließen einen gewaltigen Schall ertönen, um das Volk vor dem Höchsten in Erinnerung zu bringen.

17 Dann beeilte sich das ganze Volk allzumal

und fiel auf sein Angesicht zur Erde nieder, um anzubeten vor dem Herrn, dem allmächtigen Gott, dem Allerhöchsten.

18 Und die Sänger ließen ihre Stimme erschallen, und im weiten Haus ertönte süß ihr Lied;

19 und es jubelte das ganze Volk des Landes im Gebet vor dem Allerbarmer, bis er den Dienst des Herrn vollendet und, was ihm gebührte, dargebracht hatte.

20 Dann stieg er herab und erhob seine Hände über die ganze Gemeinde der Israeliten, und der Segen des Herrn war auf seinen Lippen, und des Namens des Herrn rühmte er sich;

21 dann fielen sie zum zweitenmal nieder, um den Segen vom Höchsten zu empfangen.

22 Und nun preist den Gott des Weltalls, der Großes vollbringt überall oder auf Erden, der unsere Tage beglückt vom Mutterleibe an und mit uns verfährt nach seiner Barmherzigkeit!

23 Er gebe uns Freude ins Herz und lasse Frieden in unseren Tagen in Israel herrschen wie in den Tagen der Vorzeit.

24 Möge seine Gnade beständig bei Simon bleiben (und er den Pinehasbund für ihn aufrecht halten, daß er weder ihm je gebrochen werde) noch seinen Nachkommen, solange der Himmel steht!

25 Gegen zwei Völker empfindet mein Herz Abscheu, und das dritte ist kein Volk:

26 die Bewohner des Gebirges Seir und die

Philister und das törichte Volk, das in Sichem wohnt.

27 Einsichtsvolle und verständige Lehre habe ich in diesem Buche aufgezeichnet, ich Jesus, Sirachs Sohn von Jerusalem, der Weisheit aus seinem Herzen hervorströmen ließ.

28 Heil dem Manne, der darüber nachdenkt! und wer's zu Herzen nimmt; wird weise werden;

29 denn wenn er danach handelt, wird er Kraft zu allem haben, weil das Licht des Herrn seine Spur ist. [denn des Herrn Licht leitet ihn (37)]

51. Kapitel

Dankgebet

1 Preisen will ich dich, o Herr, du König, ich will dich loben, du Gott meines Heils! ich will deinen Namen preisen, (du Hort meines Lebens)!

2 denn Beschützer und Helfer bist du mir geworden und hast meinen Leib vor der Grube bewahrt (und meinen Fuß der Gewalt der Unterwelt entrissen) und mich aus der Schlinge der verleumderischen Zunge gerettet; vor den Lippen derer, die mit Lügen umgehen, hast du mich beschützt und bist mir ein Helfer gegen meine Widersacher gewesen;

3 und du hast mich gerettet nach der Fülle deines Erbarmens aus der Schlinge derer, die mich zu verschlingen gedachten, aus der Gewalt

derer, die mir nach dem Leben trachteten, aus den vielen Nöten, die ich erlitt,

4 von der Erstickung durch den Brand rings um mich her und mitten aus dem Feuer, das ich nicht angezündet hatte,

5 aus der Tiefe des Schoßes der Unterwelt, von der unreinen Zunge und den lügnerischen Reden, von den Pfeilen der falschen Zunge.

6 Meine Seele war bis in die Nähe des Todes gekommen, und mein Leben war dem Totenreich drunten nahe:

7 da wandte ich mich nach allen Seiten, doch da war kein Helfer, und ich blickte aus nach einer Stütze von Menschen, doch ich fand keine.

8 Da gedachte ich deiner Barmherzigkeit, o Herr, und deines Waltens von Ewigkeit her, daß du die rettest, die auf dich hoffen, und sie aus der Gewalt ihrer Feinde rettest.

9 Da ließ ich von der Erde mein Flehen aufsteigen und betete um Errettung vom Tode.

10 Ich rief den Herrn an, den Vater meines Herrn, daß er mich nicht verlasse in den Tagen der Trübsal, zur Zeit der Übermütigen in meiner Hilflosigkeit.

11 Loben will ich deinen Namen immerdar und dir lobsingen mit Danksagung. Da hörte der Herr auf meine Stimme und achtete auf mein Flehen;

12 und er befreite mich aus allem Übel und errettete mich zur Zeit der Not. Darum will ich dir

danken und dir lobsingen und preisen den Namen des Herrn.

13 Als ich noch jung war, bevor ich auf Reisen ging, sucht ich die Weisheit sehnlich in meinem Gebet.

14 Vor dem Tempel bat ich um sie, und bis ans Ende will ich nach ihr trachten.

15 Sie erblühte gleich einer reifenden Traube, und mein Herz freute sich an ihr. Unter ihrer Leitung schritt mein Fuß auf gerader Bahn dahin; von meiner Jugendzeit an ging ich ihrer Spur nach.

16 Kaum hatte ich ihr mein Ohr geliehen, so nahm ich sie auf und gewann reiche Erkenntnis.

17 Fortschreiten ward mir durch sie zuteil; dem der mir Weisheit beibrachte, will ich Anerkennung zollen.

18 Ich war dann darauf bedacht, sie zu betätigen; ich war eifrig bemüht, gut zu handeln, und wurde nicht zuschanden.

19 Meine Seele hat um sie gerungen, und in meinem ganzen Tun verfuhr ich mit Sorgfalt; meine Hände streckte ich zum Himmel aus und trauerte über meine Verfehlungen gegen sie.

20 Ich richtete meinen Sinn auf sie und fand sie durch Reinheit (meines Herzens); Einsicht gewann ich mit ihrer Unterstützung von Anfang an; darum will ich nie wieder von ihr lassen.

21 Mein Inneres ward erregt, nach ihr zu

trachten; darum habe ich in ihr einen schönen Besitz erworben.

22 Der Herr hat mir die Zunge als meinen Lohn verliehen; darum will ich ihn mit meinen Lippen preisen.

23 Kehrt bei mir ein, ihr Unverständigen, und verweilt in meinem Hause der Belehrung!

24 wie lange noch wollt ihr Mangel daran leiden und sollen eure Seelen heiß danach dürsten?

25 Ich habe meinen Mund aufgetan und geredet: kommt, kauft, es kostet kein Geld!

26 Beugt euren Nacken unter das Joch, und eure Seele nehme Belehrung an; nahe ist sie denen, die sie suchen, und wer sich ihr hingibt, findet sie.

27 Seht mit eigenen Augen, daß ich mich nur wenig bemüht und doch viele Ruhe für mich in ihr gefunden habe.

28 Nehmt an der Belehrung teil in großer Zahl und erwerbt euch Silber und Gold durch sie.

29 Eure Seele freue sich seiner Barmherzigkeit, und schämt euch seines Lobpreises nicht!

30 Verrichtet euer Werk vor der Zeit, so wird er euch euren Lohn geben zu seiner Zeit.

Anhang und Register

(1) Luther Bibel 1912
(2) Luther Bibel 2017
(3) Luther Bibel 2017
(4) worfeln, Verb, (das ausgedroschene Getreide) mit einer Schaufel gegen den Wind werfen, um so die leichtere Spreu von den schwereren Körnern zu trennen

durch Schwingen oder Worfeln ausgesondert - Getreide von der Spreu trennen, auch: gesondert, getrennt; geprüft, erwogen.

(5) Luther Bibel 2017
(6) Luther Bibel 1984
(7) Luther Bibel 2017
(8) Luther Bibel 2017
(9) Luther Bibel 1984
(10) Luther Bibel 1984
(11) Luther Bibel 1912
(12) Luther Bibel 1984
(13) Luther Bibel 2017
(14) Luther Bibel alle Übersetzungen
(15) Werg - [bei der Verarbeitung] von Hanf oder Flachs abfallende Fasern
(16) Luther Bibel 1984
(17) Luther Bibel 2017
(18) Luther Bibel 1984
(19) Luther Bibel 1984
(20) Luther Bibel 1917
(21) Luther Bibel 1984
(22) Luther Bibel 2017
(23) Luther Bibel 2017

(24) Luther Bibel 1912
(25) Luther Bibel 1984
(26) Heimsuchung - Schicksalsschlag, der als Prüfung oder Strafe von Gott empfunden wird
(27) Luther Bibel 1912
(28) Luther Bibel 2017
(29) Luther Bibel 1912
(30) Luther Bibel 1912
(31) Luther Bibel 2017
(32) Luther Bibel 2017
(33) Epha - Volumenmaß
(34) Luther Bibel 1912
(35) Luther Bibel 1912
(36) vgl. 1.Sam 18,7
(37) Luther Bibel 1912